北京现代农业产业园理论与实践研究

赵海燕 唐 衡 徐广才 等 著

中国农业出版社
农村设物出版社
北 京

图书在版编目（CIP）数据

北京现代农业产业园理论与实践研究 / 赵海燕等著.
北京 ：中国农业出版社，2024. 8. -- ISBN 978-7-109
-32259-2

Ⅰ. F327.1

中国国家版本馆 CIP 数据核字第 20245XJ371 号

中国农业出版社出版

地址：北京市朝阳区麦子店街 18 号楼

邮编：100125

责任编辑：边　疆

版式设计：杨　婧　　责任校对：吴丽婷

印刷：北京科印技术咨询服务有限公司数码印刷分部

版次：2024 年 8 月第 1 版

印次：2024 年 8 月北京第 1 次印刷

发行：新华书店北京发行所

开本：880mm×1230mm　1/32

印张：6

字数：167 千字

定价：60.00 元

本书著者名单

赵海燕　唐　衡　徐广才

刘仲妮　马　峥

前言

自2017年农业部、财政部联合下发《关于开展国家现代农业产业园创建工作的通知》，启动国家现代农业产业园创建工作以来，历年中央1号文件均明确指出要推进现代农业产业园建设，突出现代农业产业园在引领农业供给侧结构性改革、加快农业现代化方面的重要作用。2019年，全国现代农业产业园工作推进会明确提出，我国现代农业产业园已成为乡村产业振兴的“牛鼻子”，更进一步明确现代农业产业园在我国乡村产业发展中的重要作用。2021年，《北京市“十四五”时期乡村振兴战略实施规划》规划中再次强调要建设现代农业产业园，深化农业结构调整。

近年来，北京市不断夯实主导产业，推进都市型现代农业高质量发展，逐步探索形成一批北京现代农业产业园。为贯彻落实中央要求，北京市2017年发布《关于开展现代农业产业园创建鼓励支持现代农业产业园发展的意见》，启动市级现代农业产业园创建工作，2019年又进一步出台《北京市级现代农业产业园创建管理办法（试行）》，规范北京市现代农业产业园创建活动。本书立足于北京实施乡村振兴战略，深入推进农业供给侧结构性改革，加快培育农业农村发展新动能，推进农业现代化的现实背景，运用产业链理论、产业融合理论、技术创新理论、生态农业理论、农业多功能性理论、规模经济理论、增长极理论等，以北京现代农业产业园为研究对象，界定现代农业产业园概念及内涵，分析其发展现状及特点，结合其发展阶段，先后对北京现代农业产业园融合发展及集聚效应进行研究，并在此基础上对其绩效水平进行评价，最终在借鉴国内外农业园区发展经验的基础上，结合当前主要问题，提出促进北京现代农业产业园发展的相关政策建议。

本书通过大量案头工作和实际调研以及系统研究，得出主要研究结论如下。第一，从北京现代农业产业园产业融合行为（农业与关联产业融合行为）、结果（融合发展的经济效益、社会效益以及生态效益）两个维度建立评价指标体系，发现北京现代农业产业园产业融合行为处在成长阶段，产业融合结果处在成长阶段向基本实现阶段迈进。目前还存在产业链效益难以发挥、农业多功能开发拓展不够、科技信息建设融合水平有待提升以及组织化管理水平有待加强的问题。本书提出从完善农业全产业链、拓宽融合渠道、创新利益联结机制、加强组织管理四个方面提升现代农业产业园产业融合发展水平。第二，从要素集聚效应、产业链集聚效应、功能集聚效应和带动集聚效应四个方面构建现代农业产业园集聚效应评价指标体系，发现北京现代农业产业园集聚效应发挥稳定，且呈现逐年上升趋势，自创建至今，集聚的方向已经逐步由要素集聚转向功能集聚。目前还存在产业园产业链条延伸不足、经营主体缺乏培育与凝聚、品牌数量不足以及成果推广效果不佳等问题。本书提出加快产业链集聚建设、激发龙头企业内生动力、加快推动品牌建设、加强科技集聚效应的对策建议从而为提升北京现代农业产业园集聚效应水平提供参考。第三，从主导产业发展、绿色发展成效、科技创新引领、品牌建设推进、带动农户增收、建设推进水平、组织管理保障等方面对北京现代农业产业园进行绩效评价，结果显示现代农业产业园产出效率还需提升，三产融合水平有待提高，品牌建设能力有待加强，利益联结机制有待创新。本书从加强土地政策保障、促进一二三产融合、提升科技壮大品牌、创新利益联结机制方面提出相关对策建议。

本书得到了农业农村部、北京市农业农村局、北京市社科基金和北京农学院重点项目等课题资助。在调研和撰写课题成果时，得到了农业农村部、北京市农业农村局和各区、镇的大力支持，同时得到了北京农学院、中国农业大学、中国人民大学、华中农业大学等高等学校以及北京各现代农业产业园的大力帮助，参考和借鉴了国内外许多同行、专家、学者的一些成果，在此表示诚挚感谢！许萍、郑碧莹、朱梦瑶等同学也参与了书稿的整理工作，在此一并表示感谢！不足之处，敬请批评指正！

著　者

2024年5月

目录

第一章 //

北京现代农业产业园的发展背景

一、促进乡村振兴战略实施及现代化农业建设的需要

我国农业正处在发展动力升级、发展方式改变、发展结构优化的改革期，在这种复杂的背景下，发展现代农业产业园是深化改革的重要抓手，对培育农村经济发展动能、推动农民就业增收有着积极的作用，并逐渐成为加快现代农业发展的一种新举措。近年来，国家越来越重视并规范现代农业产业园的发展，并在相关文件中作出了具体指示：2016 年中央农村工作会议明确提出，现代农业产业园是农业产业结构优化、“三产”深度融合的重要载体；2017 年中央 1 号文件首次提出要建设“生产＋加工＋科技”的现代农业产业园，推动其快速发展；2018 年 5 月，农业农村部和财政部共同下发了《关于开展 2018 年国家现代农业产业园创建工作的通知》，规范创建国家现代农业产业园的条件及任务；2020 年中央 1 号文件强调发展现代农业产业园作为发展富民乡村产业的重要依托，支持农村产业融合发展；2021 年中央 1 号文件《中共中央　国务院关于全面推进乡村振兴加快农业农村现代化的意见》明确提出，立足县域布局特色农产品产地初加工和精深加工，建设现代农业产业园、农业产业强镇、优势特色产业集群。现代农业产业园是农业生产力发展到一定水平下的必然产物，是在当地农业主导产业具有一定种养规模条件基础之上创建的，随着产业园主导产业逐渐强大，

更强调三次产业融合发展。

二、推动建设国际一流的和谐宜居之都的需要

北京作为“政治、文化、科技、国际交流中心”，其农产品市场需求不断呈现新变化。首先，APEC 会议、北京世界园艺博览会的成功举办以及大兴机场的建立等对北京农业提出新需求。其次，随着人们生活水平的提高，消费者对农产品需求呈现出多样化、优质化趋势，需要质量优、档次高的精品农产品。此外，从商品经济学角度来看，普通农产品与精品农产品由于品质存在差异，带来的效益就会有很大差别，高效、优质的精品农产品能够产生更高地溢出价值。由此可见，如何在土地资源有限的条件下寻求高效益是北京发展精品农业的需要。现如今，北京正在积极整合调整农业向特色精品农业道路转变，进一步挖掘其农业的地域特色性和多样性，以满足消费者的需求。北京现代农业产业园为探索精品农业发展提供平台，瞄准国内高档消费市场，通过精细化生产、品牌化推广、科技化应用形成市场高竞争力、高价格、高收益的精品农业。北京现代农业产业园以发展精品高效农业为目标，是市场经济条件下提高农业效益、富裕农民的必由之路，为首都“菜篮子工程”提供保障，满足消费者需求，推动打造国际一流的和谐宜居之都。

三、加快北京农业产业结构调整和农业供给侧改革的需要

近年来，北京不断优化农业产业结构，加强农业供给侧结构性改革，进一步优化农业产业结构，加强农业供给侧结构性改革。一方面，合理调整产业结构，向果蔬产业转变，保障首都菜篮子工程的供应，有利于调整农业产业结构，改变不合理的农业生产方式，提高土地资源利用率；另一方面，加快转变农业发展方式，以北京农业资源要素禀赋为基础，改变农业生产、经营、管理方式，推进

传统农业向产量增长、收益提升、品质优化转变。面对当前北京农业产业结构调整的时代需求，现代农业产业园在综合考虑主导产业发展上，通过主导产业与科技、绿色、休闲、文化等融合转变农业产业方式，建立高标准农田发展高效节水农业，充分发挥农业三生功能，将农业发展成为有吸引力、有竞争力的现代农业，为农业产业结构优化提供新路径。产业园产业融合发展有利于协调农业产业结构更加合理，有利于产业结构之间联系更紧密，为北京农业发展注入新活力。

四、北京现代农业产业园的发展历程

近年来，国家越来越重视并规范现代农业产业园的发展，2016年中央农村工作会议明确提出，现代农业产业园是农业产业结构优化、"三产"深度融合的重要载体；2017年中央1号文件首次提出要建设"生产＋加工＋科技"的现代农业产业园，推动其快速发展；2018年5月，农业农村部和财政部共同下发了《关于开展2018年国家现代农业产业园创建工作的通知》，规范创建国家现代农业产业园的条件及任务。2020年中央1号文件强调发展现代农业产业园作为发展富民乡村产业的重要依托，支持农村产业融合发展。2021年中央1号文件《中共中央　国务院关于全面推进乡村振兴加快农业农村现代化的意见》明确提出，立足县域布局特色农产品产地初加工和精深加工，建设现代农业产业园、农业产业强镇、优势特色产业集群。现代农业产业园是农业生产力发展到一定水平下必然的产物，在当地农业主导产业具有一定种养规模条件基础之上创建的，随着产业园主导产业逐渐强大，更强调三次产业融合发展。

北京市全面贯彻中央关于"三农"工作的重要论述，2017年，发布《关于开展现代农业产业园创建工作鼓励支持现代农业产业园发展的意见》，启动市级现代农业产业园创建工作，推动形成国家现代农业产业园和市级现代农业产业园梯次推进的建设机制；持续推进现代农业产业园建设，同步开展国家现代农业产业园和市级现代农业产业园创建活动。

北京市农业农村局和财政局联合出台《关于开展现代农业产业园创建工作鼓励支持现代农业产业园发展的意见》，按照“一年有起色、两年见成效、四年成体系”的总体安排，推动现代农业产业建设工作。一是成立产业园创建工作专家辅导团，邀请产业园创建领域专家领衔成立相对稳定的服务团队，与有关产业园进行对接，开展定期指导和创建督促，协助产业园及时研究解决创建中存在的问题，提出推进产业园创建的对策建议，确保创建工作顺利开展、取得预期成效。二是加强督导。各产业园在细化实施方案的基础上，进一步明确建设工程项目和产业园创建指标，市区两级主管部门实施清单式管理，按照项目化督促产业园推进创建工作，定期上报项目建设进度、资金使用进度和指标完成进度，形成市级定期调度、区级及时督导、园区落实推进的工作机制。三是加强产业园创建绩效考评应用。根据产业园年度创建进展情况，向各产业园通报监测结果，对创建进展和资金支出缓慢、成效不突出的产业园加强现场指导。

通过以上工作，北京现代农业产业园工作顺利开展，在全市建设了一批产业特色鲜明、要素高度聚集、设施装备先进、生产方式绿色、经济效益显著、辐射带动有力的现代农业产业园。截至2020年底，全市已经申报创建国家现代农业产业园3个，批准创建市级现代农业产业园7个，形成3+7的现代农业产业园创建工作格局。北京市农业农村局和财政局不断加强指导，支持各有关区推进产业园创建工作。

第二章 //

北京现代农业产业园的文献综述

一、农业园区研究

（一）关于农业园区基础理论研究

目前，国外学者对农业园区的研究主要侧重于基础理论方面，经文献阅读，主要包括以下几个理论：农业区位理论、增长极理论、核心-边缘扩散理论、产业集群理论。1826年德国农业经济学家约翰·冯·屠能提出农业区位理论，该理论是指为了保证土地资源的合理利用以及使农业经营者处于合理地位，城市周围可根据距离远近划分不同类型的农业企区，劳尔后来将其应用到按集约程度排列农业经济带中；法国经济学家弗朗索瓦·佩鲁于20世纪50年代提出增长极理论，是解释农业产业园经济发展的重要方面，他认为在经济空间存在着具有创新能力的行业聚集，形成具有较大推动性的经济主体，即增长极，园区这一增长极可导致人才的集中、经济发展的集聚；美国规划学家约翰·弗里德曼于1966年提出了核心-边缘扩散理论，该理论用于解释空间结构演变，他认为创新的逐步积累才能解决经济不发展、不连续问题，区域发展过程中，将区域分为核心区与边缘区，二者之间相互作用，核心区通过要素的积累、扩散引导边缘区发展，从而达到区域一体化发展；美国学者费农和日本学者速水佑次郎（1985）提出了技术诱导变革理论，该理论指资源情况是农业增长选择何种技术进步的决定因素；20世纪90年代迈克尔·波特于新竞争经济理论中对“产业集群”进行定义，即地缘临近的相关企业与机构由于共同性与互补性形成的集合，该理论强调的不仅是产业与企业集聚到特定区域，而且是资源要素集聚，从而为企业创新营造一个良好的外部环境。随着第三次工业革命发展的推进，美国、日本、欧洲等一些发达国家发展农业现代化较早，并逐步形成农业园区。这些国家的工业化发展比较发达，因此在农业生产中运用了工业化的模式，即通过规模化和科技化等手段改善农业的生产方式。海外的部分研究者则指出，农业园区基本延续了传统科技园的特点，如 Park Y. S 等学者（2016）就提出以高效有机的原则使用面积有限的农田，同时利用现代化科学技术手段对农产品加以综合研究，并实施现代化、设备化生产的方式，以此提高农业产业竞争力。农业园区的发展思路也深受中国 20 世纪八九十年代相关理论及思潮的影响，开始走向科技化、集聚化、创新化发展之路，主要包括产业链理论、增长极理论、产业集聚理论等。

20 世纪 90 年代开始，国内蒋和平、许越先等学者运用农业区位理论、生态农业理论、技术创新理论、产业集群理论等对农业园进行了研究。蒋和平（1997）在《高新技术改造传统农业论》中第一次提到农业高新技术园建设的理论依据，通过运用系统工程、发展极、技术创新和技术诱导变革等理论，构建农业高新技术园区组织、经济及空间等内容，全面系统地阐述了利用高新技术改造北京传统农业的内涵、特征、基础原理、指导思想、战略布局、运行模式等，提出了利用高新技术改造北京传统农业的综合评价指标体系和对策措施。杨其长（2001）提出，农业科技示范园是传统农业向农业现代化转型过程中逐渐形成的，是现代集约型农业示范窗口，并在此背景下呈现出快速发展的趋势。李崇光（2003）从产业集群理论、外部经济理论、新竞争经济理论等方面全面阐述了农业科技园区产业集群的优势效应。朱清海（2004）在产业集群视角下提出外部经济理论、增长级理论、新竞争经济理论、规模经济理论等是创建农业园区的理论基础。黄超（2018）运用区位理论、可持续发展理论、生态农业理论对现代农业产业园发展模式进行研究，并结合北京通州国际农业科技园区、玉林五彩田园农业科技园区为例进行分析。刘玲玉（2019）运用经济增长极理论、产业集群理论、可持续发展理论对现代农业产业园发展战略进行研究，结合该产业园现实情况提出组织领导保障、农产品品牌及销售保障、交流机制保障的发展战略措施。

（二）关于农业园区发展模式研究

总体来看，国外学者对农业园区发展模式主要分为三类：一是技术推广型园区，如 Kim D. C. （2015）认为利用园区这一发展平台来宣传推广现代化的农业生产技术；二是农业示范型园区，如 Sun Y. H. （2018）认为该种园区以示范性为目的建设规模化农业基地，带动周边并引导农业产业稳步发展；三是展示型农业园区，其目的是为城镇居民提供乡村休闲观光的农业园区。具体来看，国外学者 Wubben EFM（2011）认为，德国以生态农业园区为主，即在保护生态的基础上推进农业园区的产业化建设。荷兰的农业园区发展模式以设施农业园区为主，其原因主要是该国的耕地面积和农业人口少，且设施农业水平较高，有利于设施农业园区发展。美国的农业产业园发展模式偏向于科技农业园区，因此农业现代化是其重要标志，园区中的农业产业朝着高度综合化的产业发展。美国学者 Goldstein H. A. 和 Luger M. L. （1987）提出示范农场，是指园区中对具有先进农业高新技术进行主体推广的实验示范基地。美国学者 Manuel Castell（2003）提出教育农场，此类园区是提供农业认知、亲身体验、农业展示等服务的基地，针对的对象主要是青少年学生。休闲农业园区是日本的主要发展模式，该类园区在功能上注重城乡互补，可以发挥综合农业的示范效应。日本经济学家 Yujiro Hayami（1990）提出假日农场或休闲观光农业园区的模式，是指政府牵头，以假日休闲为主体，具备生产、休闲、展示等多项功能，能够促进产业融合发展。

随着农业园区在国内各地区开展建设，农业园区的发展模式更加丰富。我国学者从国内外发展模式、组织运行模式、空间布局情况等方面进行归纳梳理，也有学者从管理主体进行了分类，从而归纳总结出多种发展模式。黄修杰（2010）提出了4种模式，分别是技术示范推广型、技术引进创新型、自主创新主导型和综合创新型。何淑群等（2010）根据运行机制、技术支撑体系将我国现代农业园区发展模式分为自主创新主导型、技术示范推广型、综合创新型、技术引进创新型发展模式。熊瑞权（2011）通过分析广东省82家现代农业园模式，阐述了政府主导型、科研机构主导型、企业主导型和农民主导型4种模式。蒋和平（2014）通过实地调研分析总结出生产带动型、服务带动型、龙头企业带动型、工商资本带动型、特色集体经济推动型的5种现代农业示范园模式，深入剖析每种模式下的主要做法、特点、成功经验等，为其他同类型发展现代农业提供可借鉴的经验。张茜（2015）分析了河北省现代农业园当前现状，她认为应积极推行“现代农业示范区＋龙头企业＋农民合作社＋农民”的经营模式。孙瑜（2015）以江苏省贾汪现代农业产业园为对象提出了4种模式：政府引导模式、主导产业带动模式、龙头企业带动模式和科研院校带动模式。黄超（2018）从地域分布将农业产业园发展模式分为自然依托型与城市依托型，并对广西壮族自治区横县国家现代农业产业园进行分析。张茜等（2017）在京津冀协同发展背景下提出“政府＋企业＋农民合作社”的现代农业产业园发展模式，将现代农业产业园区涉及的小规模、散杂资源进行有效整合，使之由粗放型向集约型经营转变。郑思源（2019）提出“一亩三分地花园农庄”这一现代农业产业园的新概念和新模式，阐述了该模式的建设理念、主要功能、特征和创新点，同时也提出了所需配套政策机制，从而为政府、企业及农民提供了一种发展现代农业产业园的新模式方案。张利庠等（2019）以山东省益客现代农业产业园为例，总结了一、二、三产业对应的种养循环模式、屠宰加工循环模式、服务平台协同模式，并提出了推进乡村产业振兴实施路径的政策启示。蔡惠钿等（2019）以广东省现代农业产业园发展现状为例，根据产业园联动带农方面总结“合作社＋农户”型、“龙头企业带动”型发展模式，并总结每个模式特点，提出广东省现代农业产业园进一步发展的对策。如吴普特（2001）、张敏（2009）等在新阶段农业农村发展要求下，从管理及投资主体维度对农业园区的发展模式进行分类，具体包括政府引导型、企业主导型、科研院校合作型、校地统筹协作型等多方联合发展模式。从农业园区的发展特点来看，国内一些学者根据农业园区不同的发展阶段总结出各阶段发展模式与特点。如马文军等（2005）认为我国农业园区发展存在三个历史阶段，分别是起步阶段、快速提升阶段和急剧膨胀阶段，并在划分阶段基础之上对其特点进行总结。

在农业产业园运行机制方面的研究上，黄修杰等（2008）通过总结广东省现代农业园的现实情况，分析其在建设过程中的问题和困难，进而阐述了该园区有效运行的机制。裴大顺（2009）以锦州农业科学院农业园为对象，他认为建立系统高效的运行机制是园区发展最重要的问题。何淑群（2010）分析了国外农业园运行机制的特征，同时提出了金融支持和软硬件环境是园区发展的重要条件。周元霖（2012）通过对农业园区的调查，分析了园区建设的基本做法，进行高起点规划，并通过科技支撑，使园区项目实行市场化操作、企业化运行，以大园带小园，带动农民增收。孙高明（2013）以盐城市现代农业产业园为对象，通过深入研究园区运行情况，进行案例分析和比较，进而提出了现存问题以及改进措施。

（三）现代农业产业园研究

国内学者对现代农业产业园的概念内涵进行了研究。邢益（2017）综合之前的研究成果提出，现代农业产业园是以实现农民增收、产业增效、产业融合为目的，由政府引导、企业主导，在一定的区域范围内集资金、科技、人才等要素，形成规模化种植养殖、加工物流、研发育种和孵化、示范带动、休闲观光旅游、科普教育等多功能于一体的农业发展区。刘妍佼（2015）总结说，现代农业产业园是一个创新的平台，现代农业的组织模式和商业模式可以得到创新发展，这一发展平台十分具有指导和战略意义，可以加速当地现代农业的发展。此外，也有学者针对现代农业产业园的相关理论展开研究。如岳凤霞（2017）在对农旅产业融合进行研究时，提出现代农业产业园的理论基础包括产业融合理论、观感体验经济理论等。另外，黄超（2019）、张晓玲（2004）等学者提出现代农业产业园的相关理论有区位理论、可持续发展理论、生态农业理论、集群成长理论、经济增长理论、规模效应理论等。

一些学者根据各地区不同的基础条件，总结出现代农业产业园的不同发展模式。如王丽娟（2012）针对江苏省农业园区发展情况提出三种本土模式，分别是合作社主体型、公司主体型和企业集聚主体型，并针对不同的发展模式进行绩效评价。武月等（2020）基于珠江—西江经济带现代农业产业园发展的总体情况梳理出当地五大发展模式，并通过分析制约因素推动农业园区健康可持续发展。

此外，一些学者总结了现代农业产业园的发展特点，如郑坤等（2019）将现代农业产业园发展模式按照功能不同分为 4 个阶段，分别是研究探索阶段、规范发展阶段、创新提升阶段和突破推进阶段，相对应的具体发展特征经历了展示示范、推广带动；重视经济效益、投资主体多元化、多功能化；产业布局规划合理、资源利用清洁高效、组织方式先进有力、综合效益显著提升；供给安全农产品，提供生态、休闲和科技示范、教育培训的场所等功能。

二、产业融合研究

（一）产业融合内涵界定研究

英国学者赛哈尔于 1985 年首先提出“某一种技术向不同产业扩散，加快新产业的出现，并引起新产业相互促进、渗透产生了产业融合”。

国外学者主要从技术扩散论、产业边界论、过程论对产业融合内涵进行研究。一是技术扩散论，美国学者 Rosenberg N. 于 1963 年提出产业融合的实质是新技术成果的扩散，带来生产效率的提高。二是产业边界论，1997 年 Khanna T. 等提出产业融合是各行业的产业链以生产需求、技术服务为基础产生融合，打破产业隔离的形态，使得产业间的边界限逐渐模糊的过程。三是过程论，欧洲委员会于 1997 年在绿皮书中指出产业融合是在产业、技术网络平台、市场三个角度的融合过程。

国内学者主要从结果论、过程论、目的论三个角度对产业融合的内涵进行研究。

从结果论角度，认为是不同产业或同一产业在农业产业内部相互渗透、交叉，打破原有的边界限制，逐渐融为一体形成新业态。王坤昕（2007）认为农业产业融合是紧密联系的产业或农工内部不同行业通过功能重组，形成一种新产业形态。杨建利等（2017）提出农业产业融合是通过产业链条不断拓宽延伸、农业功能日益拓展，达到促进农业提质增效、拓宽农民增收渠道、稳定农村和谐等方面的结果。

从过程论角度，苏毅清等（2015）以农村一、二、三产业相互融合，最终使得新的生产、管理技术以及产业形态诞生，是一个产业创新过程。王栓军（2015）认为农业技术创新、市场、要素在农业发展过程中相互影响，使得农业产业向二、三产业发展，将传统农业向横纵两个方向拓展延伸，以实现农业产业创新的目的，从而构建现代化农业产业体系的过程。梁瑞华（2018）从要素角度指出产业融合是以农业为基础，通过“三链”即农业的产业链、价值链、供应链为途径来推动某一要素集聚区内农业产业融合而推动新产业形成、发展的过程。

从目的论角度，马晓河（2015）认为农业产业融合是要达到农业产业链延伸、与其他产业交叉、先进要素技术三种角度的融合，有利于拓展农业功能，实现农业现代化，培育农村新的增长点。姜长云（2015）认为农业六次化产业是农村产业融合的实质，产业融合以农业为基础，形成产业链延续、产业扩展的新业态，以满足产业功能的转变，甚至满足农村地区的需求。

（二）农业产业融合的模式

王坤昕（2007）按照国家统计局对三大产业的划分标准，将农业产业融合划分为技术型、经济型、要素型产业融合模式，提出农业产业融合发展有利于合理配置资源，培育出较为合理的产业结构。马晓河（2015）按照农村产业融合的形式分为农业产业链型、农业内部整合型、技术要素渗透型融合模式。姜长云（2016）进一步地将农业产业融合模式进行细化研究，针对农业产业链延伸型融合分为正向、逆向两个相反的延伸方向，得出正向有利于带动农民增收，逆向有利于产业融合的平台、龙头企业发展。张羽（2019）对川东丘陵区 52 个农业园区进行评价研究，根据主导产业将农业园区划分为资源、产业、服务导向型产业融合模式，并具有针对性地提出不同融合模式下农业园区的产业融合优化思路。刘迎（2018）从产业融合视角下对 t 区农业产业园进行定量研究，提出绿色发展的农业园区产业融合模式，并在绿色发展背景下提出合理规划产业布局、延长产业链、建立紧密的利益联结机制等对策。

（三）产业融合度测算方法

产业融合度是一种动态地看产业融合的程度，以解决发展过程中界定不清、产业间界限模糊的问题，因此产业融合度的测度方法很难统一。目前，国内外学者尚未研究出一套统一的产业融合指标体系。经国内外文献检索，发现不同学者根据研究对象和内容采用了以下方法：灰色关联分析法、投入产出法、赫芬达尔-赫希曼指数法（简称赫芬达尔指数法）及层次分析评价法。

灰色关联分析法：宋俊秀等（2019）运用灰色关联分析法计算安徽省农村产业融合测度，选取母序列为乡村振兴发展水平评价得分，子序列为市场、业务、要素融合度，测算出安徽省产业融合度在 2011—2017 年时间序列变化情况，进一步分析安徽省产业融合对乡村振兴发展的推动作用。

投入产出法：曹伟遐等（2018）利用投入产出表，建立指标系列为完全消耗系数、完全分配系数，通过灰靶决策模型，计算出上海、北京、天津等省市产业融合度系数并进行比较研究。彭徽等（2019）运用投入产出法，构建单向、综合和互动融合度指数，研究 2010—2014 年我国制造业与生产性服务业融合发展水平与融合程度，并提出调整制造业部门产值比重的策略。

赫芬达尔指数法：林菲菲等（2019）基于 37 家已上市的旅游公司在 2013—2018 年的业务数据，选取赫芬达尔指数法对旅游产业融合度进行定量测算，得出旅游上市公司业务融合赫芬达尔指数整体呈下降趋势，产业融合度呈现中低转向中度发展。王雪菲（2018）使用赫芬达尔指数法对 2007—2016 年吉林省畜牧业产业融合度进行测算，并用主成分分析法对影响畜牧业产业融合度的因素进行分析，测算结果表明吉林省畜牧产业赫芬达尔指数在 2007—2016 年呈现下降趋势，即说明畜牧业产业融合度呈现总体上升的趋势。

陈林生等（2019）运用熵值法和灰色关联分析法对上海市 2007—2016 年现代农业产业融合水平进行测度，并结合发展情况进行案例分析。蒋一卉（2017）运用熵值法从农业产业链延伸、农业多功能发挥、城乡一体化等五个维度构建北京农村产业融合评价指标体系，并对 2005—2014 年产业融合发展水平进行测度。

层次分析评价法：严伟（2014）提出了采用层次分析法对旅游产业融合度进行测度，实证研究了江苏省旅游产业融合度，结合产业综合测度结果分析了阻碍旅游产业融合发展现状原因，并提出了对策建议。李芸等（2017）利用层次分析方法对北京市农业产业融合水平测度，得出北京是产业融合发展由起步阶段向成长阶段进行发展，并找出产业融合发展中存在农业新业态培育、农业提质增效等不足之处。刘鹏凌等（2019）采用层次分析法构建了一套较为合理、可操作性强的江西省农村一、二、三产业融合发展评价指标体系，以浮梁县、金寨县为研究对象，测度出产业融合发展水平，进行分析并提出实现当前农村一、二、三产业融合发展要求。

三、产业集聚研究

（一）农业产业集聚理论内涵研究

受到工业思潮的影响，早期产业集聚理论更多是工业产业相关含义。国外最早对产业集聚理论内涵进行研究的学者是马歇尔，他在产业区理论中首次用到“集聚”这一概念来描述地域范围相近的企业或其中产业的集中现象。随后，韦伯（1909）在《工业区位理论》中提出了“集聚经济”，他认为这是一种地缘上的优势。克鲁格曼（1991）解释了在单聚合竞争模型的背景下形成的地区集聚，他认为该工业的建立不仅具有流通性特征，而且还具有其他特征，并进一步探讨了相互之间流通的关系以及集聚经济的增长特征。迈克·波特（1980）的研究进一步丰富了集聚研究，他在已有研究的基础上提出集聚的范围不局限于某一个行业，还应包括相关支持行业。在此背景下，一些学者将产业集聚视角引入到农业发展中，认为小农户和中小企业通过农业产业集聚可进入到以市场为导向的产业链，从而降低生产成本和提高农产品附加值，农业园区是农业产业集聚发展的重要方式。

我国农业产业集聚现象早已产生，但是相关内容的研究不多。随着其他产业部门的产业集聚发展得到了充分的重视，学者开始从农业部门着手，对其理论及内涵等方面进行研究。一些学者从集聚主体进行定义，如亓秀华（2008）充分结合农业的特点对产业集聚进行定义，认为农业产业集聚是一种农业有机群体，是以农业为主导的产业在地理范围中相互关联，群体的成员包括农产品的加工厂商、配套服务设施、金融行业、科研机构等。杜建军等（2020）提出，农业产业集聚是指一些以农产品经营为主导产业的经营主体，在空间地理中逐渐形成专业化、市场化和规模化的组织集聚区。也有学者就其发展过程进行定义，如任玉霜（2021）认为产业集聚是指在一定空间范畴内产业生产要素不断汇聚的过程。姜友雪

（2019）认为在特定地理区域内，相关产业及其生产和资本要素高度集中的过程就是产业集聚。因此，在经济发展的过程中，作为一种地理现象，整个行业的凝聚力是行业发展中不可避免的进化产物，也是产业发展的导向和趋势。总之，农业产业集聚是一个逐渐变化的过程，由于要素的汇聚带来农业产业更专业化、规模化的发展。

（二）农业产业集聚形成机制研究

国外的学者专家对农业产业集聚形成机制的研究方向主要从自然资源条件、外部环境、市场需求等角度展开，且更多是从工业角度对产业集聚进行研究。迈克·波特（1980）认为农业产业集聚的基础需要依靠一定的自然资源禀赋，农业产业集聚便是在规模经济、外部经济、政府作用等外力的共同作用下逐步演变而成的。此外，从企业产业角度进行研究的学者众多，如苏联经济学家 H. H. 科洛索夫斯基（1958）就指出，某个地方政府能够按照本地的自然资源条件、交通运输条件以及企业经营的地理位置等基本要求，合理规划安排其企业的所在地，以便于达到相应的集聚性经营效应，且该理论分析着重强调了经济和生产、企业和企业之间的互动和联系。Hornberger（2007）认为集聚的形成过程中，除农业产业自身以外，一些非政府组织和支撑机构也不可忽视。

国内的科学者研究产业化农业的集聚形成机制时，研究范围的定义在很大程度上是推动和促进规模化集聚发展的动力因素，这种凝聚力又可被划分为内在和外部的机制。其中，内在机制主要是指农业产品本身的季节性因素和循环；而外部机制主要指人力资源和科技输入、市场需求和政策的支持，以及其他原因。国内外研究者在对农业产业聚集形成机理进行深入研究过程中，对研究范畴的划分多为驱动和促进农业产业聚集发展的驱动原因，又可以划分为内部机理与外在机理。其中，内部机理多指农作物产品自身的季节性、周期性变化等；外在机理则多指人才和科技资金的支持、市场需求和政府政策支持力度等。而由于对农业产业聚集形成产生深远影响的原因很多，所以不同的条件也使国内外研究者对农业聚集形成机理研究的侧重各有不同。杜建军等（2017）认为资源禀赋是一种基础因素，对产业集聚的形成产生一定影响，且对于不同产业，影响其产业集聚的外部因素有所不同。黄海平等（2012）对农业产业集聚形成展开研究，结果表明众多因素中新疆的消费需求增加是集聚形成的主要因素。李铜山等（2017）认为，农业产业集聚主要由四方面驱动机制组成，具体包括对农业产业集聚有引导作用的自生诱导机制、对其内部有互利互惠作用的合作共赢机制、对其发展有相互配合作用的行为协调机制以及可以制定具体策略的政策运筹机制。

从发展模式来看，国内学者依据不同的视角路径对农业产业集群发展模式进行研究，其结果大致可以归为三类，一是依据生产阶段进行分类，如尹成杰（2006）按照农业领域中不同行业和生产阶段将其归纳为5种，分别是养殖业、种植业、加工业、农业科技业及农产品流通业的集群。二是根据发展阶段进行分类，如周雪松等（2007）认为达到农业产业集聚阶段需要经过三个历程，先是农业规模化经营，再是农业产业化生产，最后是农户企业化管理，通过每个阶段的发展形成强有力的市场竞争。三是对不同主体进行分类，如张晗等（2011）认为农业产业集聚发展模式可以分为三种：资源禀赋推进型、企业示范辐射型以及市场吸引和引导型。

从集聚效应来看，国内学者主要从产业竞争力与创新力的提升和经济增长这些方面进行阐述。一些学者认为，农业产业集聚发展可以促进规模经济效应的产生，在加强农业产业的专业化分工的基础上，不断提高劳动生产率，从而带动农民就业增收并实现农村区域经济增长。赵丹丹等（2020）通过文献分析法分析我国农业产业集聚效应，强调了社会条件对农业生产集聚水平产生影响。然而，也有学者认为经济因素对农业产业集聚的影响不一定至关重要，认为集聚虽然可以促进农业农村发展，但只有当产业集聚处于成长期且未达到成熟的阶段时，才能达到集聚推动经济增长的效果。另外，针对农业产业集聚带来的竞争力和创新能力增长的研究较多，大多学者认为农业产业集聚能够激发经营主体的创新行为，从而加大社会资本投入，提升当地一定区域农业产业的综合竞争能力。

（三）产业集聚测算方法研究

国外学者针对农业园区集聚的定量研究较少，但测算产业集聚程度的定量方法较多，如区位商指数、行业集中度、Moran's I 指数、赫芬达尔指数、空间基尼系数等方法，其中区位商指数和行业集中度应用最为普遍。现有学者针对产业集聚展开详细测算，在具体测算过程中，如 Krugman（1999）运用区位商指数和基尼系数计算美国各州制造业不同行业在一定区域内的集聚程度，并对结果进行分析。从集聚的角度进行实证分析是对农业园区中主要产业发展情况的重要测算手段。现代农业产业园亦是在特定范围内发展农业，因此产业集聚测度是动态测算产业集聚程度的方法。

国内学者在对农业产业集聚进行研究时，大多对某一地区进行某种具体产业测算，同时还有一些学者分析农业产业集聚对农业生产其他方面的影响，如绿色生产、劳动生产率等方面。如赵辉（2014）认为集聚来源于四个方面：市场需求、资源禀赋、农产品加工和相关政策。薛蕾等（2019）利用耦合协调模型进行计算，测算农业产业集聚与农业绿色发展之间的耦合度及协同效应。

国内学者对农业园区集聚的实证研究较少，但其成果均表现出存在着集聚程度较低、集聚效应不明显的问题。一些学者基于不同区域的特色农业产业的集聚现状进行研究，借助测算模型等方法分析其发展过程中存在的具体问题，并有针对性地提出相关对策建议，这对农业园区的集聚定量研究提供了思路和方法。如雍雅君（2020）以河南省扶沟县蔬菜产业为研究对象，对其集聚影响因素进行分析，得出农业产业集聚区内经营主体受到内部因素和外部环境的影响，具体而言，诸如组织主体、科技研发能力和地理环境等内部因素，以及政策制度、市场需求、品牌建设等外部因素均会对发挥集聚效果产生正向影响。郝晓燕（2019）采用 LSDVC 估计法、空间杜宾模型从集聚区域内各主体之间的关系入手，对我国小麦集聚的影响因素进行分析，深化对小麦生产区位集聚形成的认识。郭娟（2017）对安徽茶产业 2006—2015 年的数据进行农业产业集聚影响因素的分析，结果显示安徽茶产业集聚的主要影响因素有 5 个，具体包括品牌与销售能力、企业与销售商的关系、基础设施水平、人才培训能力、辅助行业的发展。

四、园区评价研究

关于农业产业园评价体系方面，埃弗雷特・M. 罗杰斯（1985）和朱迪恩・K. 拉森（1985）在美国著名科技集中区做了考察，分析了一个园区形成所需的各种条件，定性分析了园区的建设及发展过程，但是难以对其做出全面、系统、科学和客观的评价。他们是该研究领域的开创者，此后美国学术界就有关建设园区的聚集要素和规划布局等进行了更为系统和深入的研究。美国学者鲁格和高德斯（1999）认为园区绩效评价的本质应得到研究性、综合性的大学或科研机构的科学支撑，并有相协调的发展环境、完善的基础设施和富有创造力、勇于拼搏的人才。

陈益升（1996）认为绩效评价应包括以下内容：①新的活动促使产业结构呈现出多元化发展，带动就业；②吸引企业聚集，应用推广先进技术；③周边农民的就业问题、文化发展等。蒋和平（2002）以北京市高效农业园为研究对象，采用层次分析法构建直接经济效益、社会效益、科技创新能力效益、生态效益四个方面建立农业科技园区综合评价指标体系，然后利用模糊综合评价对园区进行综合评价，此方法逻辑性强、操作简便，能从量化方面给予评价。王弈（2011）通过构建农业产业园竞争优势评价指标体系，根据技术进步的方法，从工厂化育苗对育苗生产率和种苗科技含量两个角度的影响进行了探究，得出工厂化育苗对农业产业园的竞争优势有促进效果。张娜妮（2015）以新苑阳光环京津冀安全农产品产业园为对象，建立了园区带动能力评价指标体系，进而分析了影响当前产业园区域带动能力的原因。王婉君（2015）以清远市国际现代农业产业园为例，通过阐释其发展现实情况，构建了评价指标体系，进而找出现存问题并提出解决对策。周娇清（2017）以海口市农业产业园的景观设计作为研究对象，运用层次分析法设定权重，进而构建景观建设的评价体系，生成海口市农业产业园景观的评分表，为海口市农业产业园走向特色化、规范化以及区域可持续化发展提供一定参考价值。吴伟光等（2016）采用 Critic 赋权法从浙江省现代农业园蔬菜瓜果产业的经济效益、社会效益、科技示范效益方面构建模型，研究结果表明，各园区建设水平在资金、“公司＋合作社”等经营主体影响显著为正，并提出加大新型农业经营主体培育力度、构建园区长效运行管理机制的建议。罗方晰（2018）以邯郸市 162 个现代农业园为研究对象，通过构建园区布局、基础设施、科技应用、产业融合等 7 个一级指标、20 个二级指标，采用专家打分法、层次分析法进行绩效评价，进而找出问题并提出解决对策。张羽（2019）以川东丘陵区 52 个农业园为例，根据主导产业划分产业融合模式，选取农业与二、三产业融合，融合发展效益两个方面构建评价指标体系，运用专家打分法、层次分析法、熵权法赋予主观权重并进行修正，最后得出样本得分进行加权获得各园区的最终得分，并将评价结果划分为优秀、良好、一般、较差、差五个等级，对农业园可持续发展具有重要的理论意义。

五、文献评述

国外对于农业产业园的研究已较为成熟，对于农业产业园的基本理论、类型及评价体系方面都有一定的关注及研究，尤其是关于农业产业园理论研究方面较为完善，研究内容以多领域、多学科综合为主，对我国发展产业园提供了一定借鉴意义。

在产业融合方面，从目前农业园区方面的研究来看，21 世纪以来，农村基础设施不断完善，城镇化发展迅速，农业开始向产业融合发展，以科技农业园区、休闲农业园区为代表的农业园区逐渐兴起，并且在农业园区基础理论方面、发展模式方面、评价方面研究较多，但目前对现代农业产业园产业融合方面研究相对较少；从目前产业融合方面的研究来看，国内外学者对产业融合在内涵界定、农业产业融合的模式、产业融合测度方法研究成果丰硕，并且应用到不同领域的研究对象上，但以现代农业产业园为对象研究相对较少，对现代农业产业园产业融合发展缺少描述性总结及问题分析，并且在新时代乡村振兴背景下对现代农业产业园产业融合有了新要求。因此，本书以北京现代农业产业园为研究对象，立足于北京现代农业产业园发展的现状，将定性与定量相结合，对现代农业产业园产业融合的模式与评价进行研究，探讨现代农业产业园产业融合发展的有效途径。

在产业集聚方面，通过国外文献研究可知，现代农业产业园和农业产业集聚都是农业现代化发展到一定阶段的必然产物。国外学者专家对农业园区的研究侧重于理论基础、发展模式等方面。通过国内文献研究可知，我国学者对现代农业产业园的研究借鉴了国外农业园区的经验和做法，并根据我国国情有所改进，运用相关理论结合我国农业发展实际情况进行系列研究。作为示范平台和农业发展的突出力量，现代农业产业园必然成为向现代农业转变的重要支撑，自身发展也会趋于规范化、标准化、科学化。

从农业园区集聚方向来看，产业集聚这一概念作为产业经济学中不可或缺的理论基础，颇受国内外学者的重视。国外学者从不同类型产业着眼，深入研究产业集聚的理论方法，特别是对于集聚的测量方法。这些为我国农业产业集聚研究包括测算方法、定量研究等提供了借鉴。同时，我国虽然对相关理论研究起步较晚，但是实际应用较为广泛，从不同视角出发研究产业集聚的理论和测量的学者较多，且剖析较为深入，并已有学者针对不同的产业进行集聚效应、集聚影响因素分析、集聚测度等实证研究。随着我国农业不断发展，也有一些学者在此基础上开始针对农业进行产业集聚的研究，但对现代农业产业园的集聚效应研究仍有较大空间。

总体而言，已有文献对本研究奠定了基础，但还需进一步深入探讨。一是已有研究大多为理论层面的研究，鲜少有对现代农业产业园的实证研究。二是已有文献多从某一农业产业对集聚进行分析，且多是对其成因进行分析，鲜有对现代农业产业园集聚效应进行归纳研究和实证分析。当前，北京都市型现代农业发展更加注重优化农业生产结构、提高农业综合效益、带动农户就业增收等方面，因此发挥集聚效应是都市型现代农业发展的新方向。北京现代农业产业园的创建肩负着这一重大使命，为发挥农业产业集聚效应提供了契机。总之，通过北京现代农业产业园更好地发挥集聚效应，不仅为其自身可持续发展打下坚实基础，而且可以为园内农民及周边地区的农户带来就业和增收的机会，更是为都市型现代农业长足发展、转型升级提供路径。今后，发挥北京现代农业产业园集聚效应将是一个地区产业核心竞争力、农村区域经济发展的主要表现。

在园区评价方面，我国对于农业产业园在基本理论、发展类型、运行机制及评价体系等内容有了一定探究，但目前对于评价体系方面的探究还不够深入，集中在区域带动能力和竞争优势方面，对于园区绩效评价研究相对较少。因此，本书在国内外研究基础之上以北京现代农业产业园为对象，首先对产业园发展现状进行概括，其次建立北京现代农业产业园绩效评价指标体系，并分析其存在问题，最后通过借鉴国内外经验进而提出推动产业园发展的对策。

// 第三章 北京现代农业产业园的相关概念及理论

一、现代农业产业园的相关概念

（一）现代农业产业园的定义

现代农业产业园是指在有一定资源、产业和区位特点等优势的范围内优先发展现代农业，从而在某空间上形成产业群的聚集区。其是由政府引导、企业运作，在规模化种养基础上实施集约化生产和企业化经营管理，集农业生产、科技研发、生态保护、休闲旅游、示范服务、创新孵化等多种功能为一体的综合性园区，通过增加农民收入，带动区域经济和产业发展，进一步推进现代农业的发展。

目前，关于现代农业产业园的定义尚无统一的认知。从狭义上说，现代农业产业园是指在规模相对有限的地理空间内，以农业产业为基础，通过合理开发利用，引入现代技术和设施，集生产、加工、休闲、旅游等于一体所形成的农园，地理边界封闭、空间连续的现代农园，对应于英文中“garden”的概念。从广义上说，现代农业产业园作为城市特定功能区域之一，以规模化种养为基础，聚集农业生产、加工、科技于一体，有边界无围墙，地理位置有边界，辐射带动作用无围墙的现代农业发展平台，对应英文中“park”的概念。

当前，针对现代农业产业园的基础概念已有不少分析，但是尚未形成统一的理论。2017 年中央 1 号文件提到建设现代农业产业园，以规模化种养基地为基础，依托农业产业化龙头企业带动，聚集现代生产要素，建设“生产＋加工＋科技”的现代农业产业园，发挥技术集成、产业融合、创业平台、核心辐射等功能作用。本书在国家出台有关现代农业产业园政策文件的基础上，运用相关理论，并综合本书的目的和意义，采取广义的概念对现代农业产业园进行定义：按照政府引导、市场主导、农民受益、共享发展的方式，围绕农业主导产业，以规模化种养基地为基础，进行“生产＋加工＋科技”全产业链开发，聚集现代要素，实现绿色发展，带动农户增收，创新体制机制，形成明确的地理界限和区域范围，建设水平区域领先的现代农业发展平台（图 3-1）。

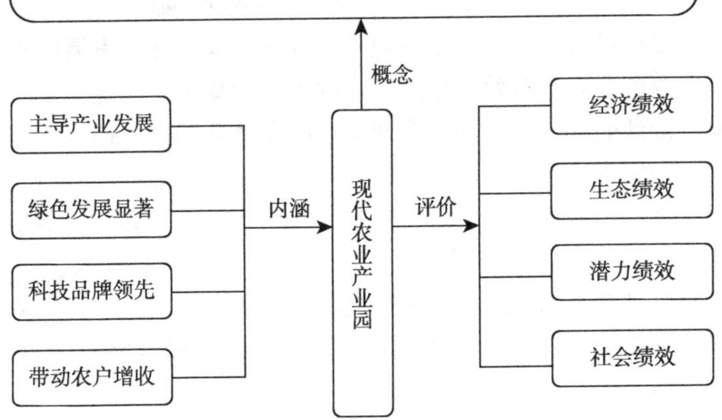

图 3-1　现代农业产业园概念

（二）现代农业产业园集聚度

集聚度是空间范围内的产业生产要素汇聚过程的一种可量化程

度。现代农业产业园是乡村振兴的主要抓手，具备空间布局聚优势、产业选择聚特色、联农带农聚增收的特色。因此，本书在产业集聚度及现代农业产业园的概念及特点基础上，结合相关理论和政策原理，对现代农业产业园集聚度定义为在产业园这一地理范围内，汇集现代农业生产要素，通过“生产＋加工＋科技”打造优势主导产业，持续优化农业产业化生产和规模化经营，激发产业内生动力，吸引主导产业相关产业的资源优势向园区汇聚，从而提高产业园主导产业综合效益、带动农户充分参与且受益、促进园区及周边农村地区经济发展这一过程的量化程度。

（三）现代农业产业园集聚效应

集聚效应是在具有空间集聚性、要素集约性、适度集聚规模等特征的经济空间内，因空间集聚而带来的社会经济活动及相关要素所形成的综合效果。目前，发挥农业的集聚效应是我国农业现代化进程中的必然趋势，借助现代农业产业园这一发展平台，集聚效应可以进一步得到发挥。本书在集聚效应的概念基础上，结合增长极理论、规模经济理论、产业链理论和现代农业产业园发展历程，对现代农业产业园集聚效应定义为一种集要素集聚、产业集聚、功能集聚、带动效果于一身的综合现象，即在产业园内，通过汇集现代农业生产要素、全产业链打造优势主导产业、逐渐推动园内经营主体产业化生产和规模化经营、激发产业内生动力等方式，不断吸引主导产业相关产业的资源优势向园区汇聚，不断推动农业分工专业、业态融合、绿色发展，从而提高产业园主导产业综合效益、带动农户充分参与且受益、促进园区及周边农村地区经济发展的综合效果（图 3－2）。

二、现代农业产业园的相关理论

（一）产业链理论

产业链理论是在分工理论基础上发展而来的。产业链的本质是

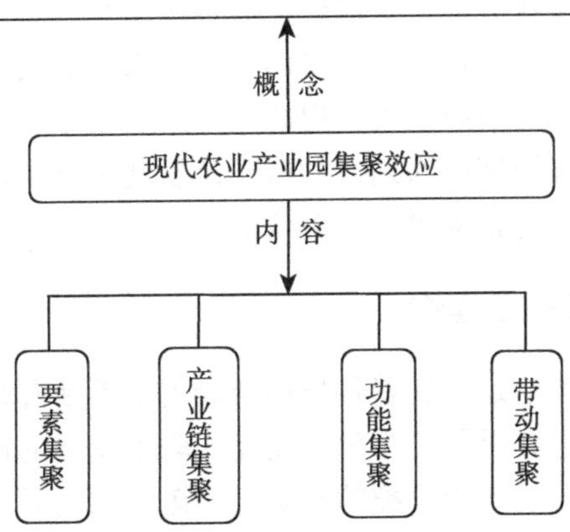

图 3－2　现代农业产业园集聚效应

产业关联，其实质是不同产业之间的供给与需求关系，其包括上游产业和下游产业的多个生产环节，这些环节之间相互联系和制约，形成一个有机整体。产业链包括接通产业链和延伸产业链。接通产业链是指通过某种产业合作，将一定空间低于范围内的、不连接的产业部门串联起来。延伸产业链是指产业链向上下游延伸，向上游延伸进入到生产环节和技术研发环节，进而给下游环节输送产品或服务；向下游延伸进入到市场销售环节，并且向上游环节反馈信息。

现代农业产业园立足本地特色优势产业和支柱产业，上下游联结紧密，产业关联强，按照“生产＋加工＋科技”的发展要求，加快形成种养规模化、加工集群化、科技集成化、营销品牌化的产业链发展格局，产业链理论为产业园发展奠定了良好的理论基础。

（二）产业集群理论

产业集群理论是指在地理区位集中的经济区域且同处在某一特

定的产业领域内，相互关联的企业和机构在空间上聚集，彼此合作竞争，形成了立体的网络关系和组织，从而提高该区域内整体经济水平。产业集群的显著特点在于通过地理相对集中的有利条件来获取知识、构成区域市场、建立信息接收平台、引入并扩散高新技术，形成区域集聚效应，提高聚集区经济水平。

现代农业产业园作为一个整体，通过人才、资金、技术等现代生产要素在一定区域内聚集，提高主导产业集中度，加快产业园发展速度。产业集群理论为园区的形成及发展奠定了基础，为合理配置及优化园区各要素提供了决策依据。

（三）产业融合理论

产业融合理论是指随着科技创新和需求不断升级，部分产业开始突破原有的边界限制，产生了交互式联动发展的现象。产业融合破除了一、二、三产业分裂的状态，冲破了固定界限，加快了产业链的延伸和整合，其发展需要农产品销售单位、产地及加工企业等相互合作，推动农业向高产、高效、高质发展。

现代农业产业园统筹产业发展、基础设施、公共服务、美丽乡村建设等，拓展农业多种功能，推进一产为基、接二连三、产业融合的开发格局。本书运用产业融合理论为产业园建设提供了理论基础，有助于丰富产业内容，拓宽产业渠道，提升产业价值。

（四）农业区位理论

农业区位理论重点论述了由于地理位置差异造成的农产品生产成本的差别，并提出不同类型的农业区根据与城市的距离进行划分，这样才可以合理使用土地资源，保障农业经营主体的优势地位。

现代农业产业园距离市场的距离对于园区经济收益方面有着重要影响，因此保障土地资源合理利用对于园区经营来说十分重要。农业区位理论为合理分配及优化产业园要素提供了依据。此外，对于园区的空间布局、企业的入驻格局等也提供了一定指导意义。

（五）技术创新理论

技术创新理论是指在经济活动中通过引进新思想和新方法，将各种生产要素和条件有机整合起来，加快生产技术优化变革。创新是一种商业化的应用，其目的在于获得利润，从而加快经济增长。他强调了技术创新的突破性和革命性，认为技术创新就是将各种生产要素和劳动资料优化组合后运用到生产实践中，从而带来发展机遇。

技术创新理论认为现代农业产业园这种新型农业生产组织形式是对传统农业发展的创新，通过各种生产要素、条件以及组织进行优化重组，从而形成低投入、低消耗、高产出、无污染的现代生产模式，它包括引入及推广新技术、新品种、新理念等，发展名特优产品，该理论对于加快园区发展提供了基础。

（六）生态农业理论

生态农业理论是指由农业生物、农业环境与资源、农业技术经济共同组成的农业生态系统，各系统之间由彼此联系、相互促进，共同增长的要素组成，它们结构严格有序、层次分明，通过充分合理地利用一切资源实现绿色、安全、优质发展，建立良好的生态环境，进而实现生态农业系统与环境协调发展。

现代农业产业园要求走绿色发展、生态友好的道路，将这一理论运用到其中就是要以促进园区生态农业的发展为核心，以合理利用资源和可持续作为发展目标，促进产业园稳定、持续、健康发展。

（七）农业多功能性理论

农业多功能性概念于20世纪80年代在日本首先被提出，接着在《21世纪议程》中正式提出，是指农业不仅具备农业生产的功能，并且具有原料供给、带农增收、文化传承发扬、生态环境保护等经济、社会、生态、文化功能，进行相互依赖、促进和制约的有机统一整体。

产业园作为建设水平区域领先的现代农业发展平台，注重开发农业的多功能性是农业与其他产业融合的必要条件。产业园中围绕着主导产业，注重现代种养、带动农民增收就业、休闲农业、科技研发、双创孵化、生态保护、传统文化传承等功能，向农业的深度、广度进行延伸、扩展。产业园产业融合体现出农业多功能型扩展，能够带来经济、科技研发、生态涵养及生活观光休闲等功能，是农业多功能性的拓展和延伸。

（八）农业六次产业理论

日本学者今村奈良臣于 1994 年提出农业的“六次产业概念”，首先提出六次产业＝一产＋二产＋三产的理论，随后又提出六次产业＝一产×二产×三产的“农业六次产业概念”。六次产业就是指农村地区的农业产业以第一产业为主，与农产品加工、开发等第二产业和以服务为主的休闲观光等第三产业融合发展，促进农业增效，从而辐射带动提高农民收入。六次产业的提出打破了一、二、三产业并列、分割的状态，通过一、二、三产业融合促进产业链条的延伸、整合，逐渐突破原有的产业边界，以更好地实现农业提质增效。

现代农业产业园是以产业联动、产业集聚、技术创新、组织管理为纽带，集约化配置将要素、资本等，通过农业六次产业理论，使农业生产、服务业等有机地融合，使得一、二、三产业之间紧密相连、协同发展，最终实现农业产业链延伸拓展、农业提质增效、农民收入增加。

（九）规模经济理论

规模经济意味着在某些技术层面上，随着整体规模的持续扩大，产出增加的成本将逐渐降低，并表现出内部和外部两种规模经济。其中，内部经济意味着企业的长期平均成本将随着产量的增加而下降；外部经济意味着随着企业在同一行业、同一领域的不断增长，这一地区的一些类似公司将会因分享到地方的额外生产、基础设施、公共服务、劳动力供应和培训等优势而降低成本。技术的融合和研究的分层不可避免地会导致创新节点增加。因此，企业可以使用类似的技术来构建平台，不断丰富技术和产品，这也将带来规模经济。

在发挥集聚效应的过程中，北京现代农业产业园需要充分发挥自身平台优势，通过满足园内各经营主体的自身需求和不同主体对规模报酬收益逐渐提升的追求，使现代农业产业园与园内主体的合作关系得到长足发展，形成集聚经济的发展格局，因此规模经济理论为现代农业产业园集聚发展提供动力机理。

（十）增长极理论

法国经济学家佩鲁提出增长极理论，即可以借助增长极的特性来带动整个地区的产业发展。增长极具备如下特点：一是可以吸引周围的技术要素向中心极点汇集，当此点的技术要素有了一定积累，便会逐渐形成带动；二是政府部门在该理论应用过程中具有重要作用。因此，政府职能部门可以投资建设推动性产业，发挥其在产业聚集形成、发展过程中的作用。

现代农业产业园可以加快技术的集成，通过形成技术的增长极而在整个园区实现扩散，再以此来带动整个区域产业的集聚。因此，只有技术要素形成集聚，周边地区才能在带动下提升技术及经济发展水平。根据增长极理论，可以将现代农业产业园视为一个集聚的发展平台，通过农业技术、资金资源、政策等要素在现代农业产业园的集聚，带动整个区域的经济快速发展。

// 第四章 北京现代农业产业园发展现状及特点

一、北京现代农业产业园发展现状

近年来，北京市持续推进现代农业产业园建设，同步开展国家现代农业产业园和市级现代农业产业园创建活动。北京市农业农村局和财政局联合出台《关于开展现代农业产业园创建工作鼓励支持现代农业产业园发展的意见》，按照“一年有起色、两年见成效、四年成体系”的总体安排，在全市开展建设一批产业特色鲜明、要素高度聚集、设施装备先进、生产方式绿色、经济效益显著、辐射带动有力的现代农业产业园。

截至2020年底，全市已经申报创建国家现代农业产业园3个，批准创建市级现代农业产业园7个，形成“3+7”的现代农业产业园创建工作格局。北京市农业农村局和财政局不断加强指导，支持各有关区推进产业园创建工作。

（一）构建形成产业园两级联创机制

2017年农业农村部和财政部联合启动国家现代农业产业园创建活动。通过发展壮大主导产业，加强“生产+加工+科技”联动，聚集现代生产要素，创新体制机制，形成建设水平领先的现代农业发展平台。以国家现代农业产业园创建为引领，示范带动省、市、县梯次推进的现代农业产业园建设体系，为农业农村现代化建设和乡村振兴提供有力支撑。2017 年，北京市发布《关于开展现代农业产业园创建工作鼓励支持现代农业产业园发展的意见》，启动市级现代农业产业园创建工作，推动形成国家现代农业产业园和市级现代农业产业园梯次推进的建设机制。

截至 2020 年底，北京市共有 10 家现代农业产业园（表 4－1），包括房山区、密云区、平谷区 3 家国家现代农业产业园和房山区窦店镇、大石窝镇，大兴区庞各庄镇、长子营镇，通州区西集镇、于家务乡，平谷区峪口镇 7 家市级现代农业产业园。10 家产业园涉及 5 个区 17 个乡镇，总面积达 12.27 万公顷，耕地 2.81 万公顷，农户 18.44 万户。产业园坚持以创促建，通过项目建设，推进主导产业发展，推动先进生产要素集聚，带动农民持续增收，已经成为推动农业农村现代化发展、实现兴业富民的重要平台。

表 4－1 北京市现代农业产业园创建时序

年份	房山区	大兴区	通州区	平谷区	密云区
2017	• 房山国家现代农业产业园 • 窦店镇现代农业产业园	• 庞各庄镇现代农业产业园 • 长子营镇现代农业产业园			
2018	• 大石窝镇现代农业产业园		• 西集镇现代农业产业园 • 于家务乡现代农业产业园	• 峪口镇现代农业产业园	
2019					• 密云国家级现代农业产业园
2020				• 平谷国家级现代农业产业园	

（二）主导产业发展水平不断提升

立足资源条件和产业基础，产业园持续加大创建力度。按照“生产＋加工＋科技＋品牌营销”要求，围绕蔬菜、果品、种业等主导产业，加快建设生产基地，发展农产品加工，推动融合发展，积极打造特色品牌，形成种养规模化、科技集成化、营销品牌化的融合开发格局。2020 年，10 家产业园总产值 165.19 亿元，主导产业总产值 124.44 亿元，主导产业产值占产业园总产值比重平均为 69.17%，主导产业适度规模经营比例平均值达 56.08%。产业园综合实力不断增强，产业化水平持续提升（表 4－2）。

表 4－2　2020 年产业园主导产业类型及产值

产业园名称	级别	主导产业类型	主导产业产值（亿元）	产业园总产值（亿元）
房山区	国家级	功能蔬菜＋康养园艺	25.07	34.09
密云区	国家级	果蔬	32.10	36.90
平谷区	国家级	畜禽种业	20.10	23.25
窦店镇	市级	肉牛＋蔬菜	8.35	12.87
长子营镇	市级	航食产业	5.27	10.50
庞各庄镇	市级	西瓜	7.27	10.46
峪口镇	市级	大桃＋禽蛋	14.42	16.80
西集镇	市级	樱桃	4.33	8.65
于家务乡	市级	现代种业＋蔬菜	5.22	6.77
大石窝镇	市级	蔬菜	2.31	4.90
合计			124.44	165.19

（三）技术装备支撑能力区域领先

产业园不断完善道路、用电、节水等基础设施，瞄准自动化、工厂化、数字化发展方向，提升设施装备智能化水平，积极推动人才、土地、资本、科技、信息等现代要素聚集，形成了有利于各类主体聚集发展的良好环境。2020 年底，10 家产业园平均高标准农田占比达到 65.26%，共设立市级及以上科研合作平台超 40 家，拥有专业技术人员数量增至 1 200 人，建立较为完善的专业人才队伍，产业园发展科技支撑能力稳步增强（表 4-3）。

表 4-3 2020 年产业园基础设施和科技支撑情况

产业园名称	级别	高标准农田占比（%）	科研平台数量（家）	专业级技术人员数量（人）
房山区	国家级	58.00	—	—
平谷区	国家级	40.00	—	—
密云区	国家级	70.00	—	—
窦店镇	市级	79.60	10	314
长子营镇	市级	78.80	5	31
庞各庄镇	市级	100.00	5	34
西集镇	市级	3.00	2	300
于家务乡	市级	52.70	10	410
大石窝镇	市级	70.00	3	150
峪口镇	市级	100.00	6	17

（四）农业绿色发展成效不断增强

产业园全面落实“一控两减三基本”要求，通过普及节水节能设施，开展农艺节水，完善用水管理制度，平均节水灌溉面积比重达到 90.41%。推广使用配方施肥、科学用药、低碳循环等农业技术，化学投入品使用强度持续降低，农膜、农药、化肥包装废弃物回收处置率达到 98%以上，畜禽粪污综合利用率达到 97.01%。农产品质量安全抽检合格率达到 100%。产业园基本建立了农业绿色、低碳、循环发展的长效机制（表 4-4）。

表 4-4　2020 年产业园绿色发展主要指标

产业园名称	级别	节水灌溉面积比重（%）	农膜、农药、化肥包装废弃物回收处置率（%）	畜禽粪污综合利用率（%）	农产品质量安全抽检合格率（%）
房山区	国家级	76.00	—	100.00	100.00
平谷区	国家级	85.00	—	97.83	100.00
密云区	国家级	99.00	—	95.10	100.00
窦店镇	市级	100.00	100.00	90.00	100.00
长子营镇	市级	100.00	100.00	95.20	100.00
庞各庄镇	市级	100.00	100.00	97.00	100.00
西集镇	市级	100.00	100.00	100.00	100.00
于家务乡	市级	44.14	86.00	100.00	100.00
大石窝镇	市级	100.00	100.00	95.00	100.00
峪口镇	市级	100.00	100.00	100.00	100.00

（五）联农带农增收机制不断健全

产业园通过发展合作制、股份制、订单农业等多种利益联结方式，构建了“农户＋合作社＋企业”为主体的利益机制，把产业链就业岗位更多地留在农村、增值收益更多地留给农民，推动小农户与现代农业发展有机衔接。2020 年，产业园与企业、合作社建立订单合作关系的农户达到 6.74 万户，占产业园总农户数的 36.57%，平均农民人均可支配收入达 2.94 万元，带农增收能力不断增强（表 4-5）。

表 4-5　2020 年产业园联农带农与农民可支配收入

产业园名称	级别	企业、合作社建立订单合作关系的农户数	农民人均可支配收入（万元）
房山区	国家级	11 328	4.41
平谷区	国家级	1 572	3.60

（续）

产业园名称	级别	企业、合作社建立订单合作关系的农户数	农民人均可支配收入（万元）
密云区	国家级	4 526	3.01
窦店镇	市级	9 884	2.33
长子营镇	市级	6 692	2.51
庞各庄镇	市级	10 240	3.07
西集镇	市级	10 257	2.00
于家务乡	市级	11 525	3.00
大石窝镇	市级	1 500	2.17
峪口镇	市级	1 683	3.30

（六）持续推进重点项目建设

产业园不断完善支持政策，加大整合财政投入力度，鼓励撬动社会力量参与项目建设。一是积极破解用地难题。密云区国家现代农业产业园和长子营镇、窦店镇、峪口镇和于家务乡 4 家市级现代农业产业园落实了配套建设用地，有力破解了项目建设用地难的问题。二是持续整合资金投入。截至 2020 年底，密云区和平谷区分别使用中央财政奖补资金 0.3 亿元，整合地方财政投入分别达到 3.90 亿元和 2.70 亿元，撬动社会资本投入 15.1 亿元和 7.59 亿元到国家现代农业产业园项目建设。三是不断加强项目建设。密云区国家现代农业产业园开工项目达到 40 个，投产项目达到 33 个。平谷区国家现代农业产业园开工项目 29 个，投产项目 13 个。项目进展均符合创建方案进度要求。

二、北京现代农业产业园发展特点

（一）国家现代农业产业园发展特点

1. 现代生产要素集聚

现代农业产业园集聚了一批现代化生产要素，如市场、资本、技术、信息、人才等要素。推进农科教、产学研共同发展，将产业园建设成拥有先进技术、金融支持、设施配套的技术和装备快速应用的集合区。如浙江省慈溪市现代农业产业园，园区土地资源集中连片，现代化水、气、管、网设施齐全，高标准农田占比达到77%以上，基本实现“智能工厂化”，且正大集团和中集集团等世界500强企业和国内知名农牧企业等25家国内外龙头企业均落户产业园，资本、技术、人才等现代生产要素集聚。

2. 主导产业优势明显

现代农业产业园发展的核心是优势主导产业，通过建设品牌优势明显、业态布局合理、经济效益显著、生态环境良好的优势特色产业，打造一批规模化原材料生产基地。如房山区国家现代农业产业园以果蔬和花卉为主导产业，经过多年发展已逐步形成以果蔬花卉生产、农产品加工、仓储物流及销售的全产业链体系，并结合“现代农业、健康颐养、文化创意”城乡统筹的发展战略，围绕加快都市现代产业转型升级，着力建设成以康养园艺产品为特色的国家级都市现代农业产业园，带动当地农户发展。

3. 一、二、三产业融合发展

产加销、贸工农一体化的产业融合发展是现代农业产业园的一大特点。通过不断构建农业全产业链，扩展产业园区的多功能性，充分挖掘农业的生态、休闲和文化价值，从而进一步推动产业链升级，实现农民收益明显增加。如广东农垦湛江农垦现代农业产业园是以甘蔗为主导产业，养殖业和其他作物轮作相结合，一、二、三产业融合发展的现代产业园区，实现了蔗糖从生产、加工、物流及销售的一体化发展；园区着力将其打造为“中国糖谷”，集蔗糖规模化生产、加工转化、科技示范、品牌营销、现代服务、文化旅游为一体的一、二、三产业融合发展的综合性园区。

4. 政策扶持措施有力

政府对现代农业产业园扶持措施有力、基础设施完备、政策针对性和可操作性明显，除了财政专项、基本建设等有相应资金投入外，用地保障、金融服务、科技创新、人才支撑等方面均出台相关措施。如河北省邯郸市滏东现代农业产业园整合各种专项资金优先用在基地建设和龙头企业的发展上，实现了“九通一平”；在土地等方面有政策倾斜，保障力推产业园高效运转；此外，还建立了完善的管理机制、招商引资机制和社会化服务机制，职能明确且制度健全。

（二）北京现代农业产业园发展特点

北京农业在疏解非首都核心功能、建设国际一流和谐宜居之都的背景下，积极践行新发展理念，实施农业“调转节”政策，同时面临深化农业供给侧结构性改革，推进农业绿色发展及城乡协调发展的新任务。现代农业产业园肩负着为引领农业供给侧改革搭建新平台、为推动农业产业转型升级提供新路径、为培育农业农村发展新动能创造新经验、为促进农民持续增收探索新机制的战略使命，对于整合农业生产要素、促进农业内部融合、延长农业产业链、拓展农业多种功能、发展农业新型业态具有重要意义。近年来，国家对现代农业产业园建设的重视不断加强，北京于 2017 年 6 月组织现代农业产业园的创建工作，鼓励支持现代农业产业园建设，推动都市型现代农业持续健康发展。

1. 依托主导产业，定位高端市场

北京农业资源有限，土地及水资源紧缺，在发展都市型现代农业的进程中，调减高耗水作物，清理整治养殖业，农业产业结构向节水化和集约化调整，以适应北京的资源条件，满足人们对生产、生活、生态的需求。要素禀赋是形成优势产业的基础，北京现代农业产业园依托当地自然条件和生产要素禀赋，形成包括蔬菜、大桃、种业和畜禽产品等特色优势主导产业，拥有国家地理标志及“一村一品”等特色农产品，区域比较优势明显。在此基础上，创建现代农业产业园，提高产业集聚程度，逐步实现农产品规模化、标准化生产，并形成区域公用品牌，定位高端市场。如房山区大石窝镇现代农业产业园通过建设农业标准化基地，提高农产品品质，净菜产品直接配送肯德基等餐饮连锁店以及星级酒店，园区内农民专业合作社采用会员制的营销方式，占领高端市场。平谷区峪口镇现代农业产业园目前已打造从品种选育、种鸡饲养、种蛋孵化、蛋鸡饲养到鸡蛋加工、科技服务、观光旅游的蛋鸡全产业链，培育的蛋鸡系列新品种市场占有率达 50%。平谷大桃取得“中国名牌农产品”和“中欧地理标志互认产品”，销往新、马、泰等亚洲国家和俄、法、荷兰等欧美国家。

2. 打造科研平台，科技创新发展

现代农业产业园具有技术密集和资金密集的特点，有利于推动科技创新，提高农业技术推广率及科技成果转化率，带动主导产业发展，逐步形成区域经济增长极。北京作为科技创新中心，农业科研基础牢固，拥有多家科研院所、高校、企业，且拥有充足的科研经费，为农业科技研发提供有力保障。北京现代农业产业园整合北京的科技资源，取得了良好的经济效益、社会效益及经济效益。通过与科研机构、高等院校及企业建立合作关系，引入高端技术及科技人才，当前，10 家现代农业产业园已拥有专业技术人员一千余人，以提高自主创新能力及科技转化能力，发挥科技创新示范作用。如通州区于家务乡现代农业产业园与多家科研院校合作，聘请多名专家院士组建专家顾问团队，引进国内外高端人才，为园区建设提供科技支撑及人才技术支撑，形成“产学研相结合，育繁推一体化”的种业全产业链，成为国际种业“硅谷”。房山区国家现代农业产业园建有两家农业研究院所，并与园内高校签订科研基地及人才培训等协议，以此吸引科技人才，2020 年，该现代农业产业园内有专家团队 13 个，拥有多项企业自主研发国家专利和企业核心技术，有利于促进园区农业高质量发展。

3. 完善基础设施，生产绿色发展

两山理论提出“绿水青山就是金山银山”，要将生态资源转化为经济资本，就需要探索绿色可持续的发展模式。绿色发展是在考虑资源环境承载力的基础上，以效率、和谐、持续为目标的经济增长方式。北京现代农业产业园通过完善基础设施建设，实现农业生产环境绿色化，使农业环境污染问题得到有效治理，达到生态可持续发展的创建目标。如房山区窦店镇现代农业产业园通过建设生物有机肥加工厂，将养殖粪污和残枝落叶集中收集处理，以实现固体废物无害化处理和资源化利用，形成农牧业可循环发展，生态环境问题得到改善。大兴区庞各庄镇现代农业产业园引进生物防治和雄峰等绿色物资，减少农业环境污染，建设生态循环农庄，配备污水和有机垃圾处理系统、生物循环系统，农膜、农药、化肥包装废弃物回收处置率达100%，保障生产生活安全、提升区域品质。通州区西集镇现代农业产业园通过加强农业基础设施建设，改善农业生产条件，发展资源节约型农业，农作物化肥及农药利用率均达到60%，实现环境友好型发展，解决“生产、生活、生态”问题。

4. 优化管理结构，区镇联动管理

建立健全组织管理机制是推进现代农业产业园建设的重要保障，优化管理职能和服务职能可以提高管理效率，确保决策尽快落实到位。为了实现效率最大化，实现资源有效配置，达到现代农业产业园各成员之间的配合、沟通及协调，北京现代农业产业园形成了政府引导、市场主导的建设格局。各区对产业园建设工作高度重视，成立领导小组，由分管区领导负责，各主管部门牵头，负责统筹协调产业园创建工作。同时加强对乡镇的指导，乡镇及时进行反馈与沟通，实行区镇联动管理，为产业园创建工作提供保障。管理委员会下设办公室和相关部门，具体负责园区综合服务等工作。引入专业运营团队，鼓励合作社、公司和家庭农场参与运营管理，保障公司获得稳定合理收益，推动产业园可持续发展。区镇联动的管理体系将各项任务逐级分解细化，确定责任部门、责任人和完成时限，确保现代农业产业园建设顺利进行。

第五章 北京现代农业产业园产业融合研究

随着我国农业现代化的发展，现代农业产业园应运而生。它是当前新时代下我国实现乡村振兴战略的一种有效手段，是实现农业现代化的发展平台。北京农业紧紧围绕“调结构、转方式、发展高效节水农业”发展方向，已逐步形成设施装备领先的都市型现代农业，但同时在劳动力、土地、环境等要素的刚性约束下，其发展受到巨大挑战和制约，因此需要不断探索出新的发展思路。

北京现代农业产业园作为农民增收、农业增效的有效载体和重要平台，在坚持“姓农、务农、为农和兴农”的前提下，围绕当地农业主导产业或优势特色产业，通过多种产业融合模式，发挥规模种养优势，进行“生产＋加工＋科技＋营销”全产业链开发，实现绿色发展和一、二、三产业融合发展。其发展对提升农业增值收益，推动农业产业转型升级，培育农业农村发展新动能等具有重要意义。本书首先梳理了产业集聚理论、产业链理论、农业多功能性理论、农业六次产业结构理论，为全书分析提供理论基础。其次从发展定位、发展布局、主导产业、辐射带动方面概括了北京现代农业产业园发展现状并系统地总结了北京现代农业产业园产业链延伸型、农业多功能拓展型、科技技术渗透型融合型三种产业融合基本模式。在实证分析方面，借鉴其他领域产业融合评价研究文献，结合北京现代农业产业园产业融合的现实路径及模式，运用德尔菲法和层次分析法选取行为、结果两个维度，结合北京农业发展特色设计，最终确定 23 个指标构建北京现代农业产业园产业融合评价模型。根据评价的结果分析得出以下结论：在行为方面，农业多功能拓展、技术渗透发展有待提高，在结果方面，组织化水平、就业促进、绿色发展还有较大的提升空间。最后，剖析其发展的主要问题，并结合国内外发展经验借鉴，提出相应政策建议，为北京进一步发展提出对策建议。

一、北京现代农业产业园产业融合的背景

（一）深入推进农业结构调整

近年来，北京深入实施农业“调结构、转方式、发展高效节水农业”的目标，进一步优化农业产业结构，加强农业供给侧结构性改革。一方面，合理调整产业结构，向果蔬产业转变，保障首都“菜篮子”工程的供应，有利于调整农业产业结构，改变不合理的农业生产方式，提高土地资源利用率；另一方面，以北京农业资源要素禀赋为基础，加快转变农业发展方式，改变农业生产、经营、管理方式，推进传统农业向产量增长、收益提升、品质优化转变。面对当前北京农业产业结构调整的时代需求，现代农业产业园在综合考虑主导产业发展的水平上，通过主导产业与科技、绿色、休闲、文化等融合转变农业产业方式，建立高标准农田，发展高效节水农业，充分发挥农业三生功能，将农业发展成为有吸引力、有竞争力的现代农业，为农业产业结构优化提供新路径。产业园产业融合发展有利于协调农业产业结构更加合理，有利于产业结构之间联系更紧密，为北京农业发展注入新活力。

（二）加快发展高端精品农业

北京作为“政治、文化、科技、国际交流中心”，其农产品市场需求不断呈现新变化。首先，APEC会议、北京世界园艺博览会的成功举办以及大兴机场的建立等对北京农业提出新需求。其次，消费者对农产品需求呈现出多样化、优质化趋势，需要质量优、档次高的精品农产品。此外，从商品经济学角度来看，普通农产品与

精品农产品由于品质存在差异，带来的效益就会有很大差别，高效、优质的精品农产品能够产生更高地溢出价值。由此可见，如何在土地资源有限的条件下寻求高效益是北京发展精品农业的需要。现今，北京正在积极整合调整农业向特色精品农业道路转变，进一步挖掘其农业的地域特色性和多样性，以满足消费者的需求。北京现代农业产业园为探索精品农业发展提供平台，瞄准国内高档次消费市场，通过精细化生产、品牌化推广、科技化应用，形成市场高竞争力、高价格、高收益的精品农业。北京现代农业产业园以发展精品高效农业为目标，是市场经济条件下提高农业效益、富裕农民的必由之路，为首都“菜篮子”工程提供保障，进一步推进了农业供给侧结构性改革。

（三）全力落实生态绿色可持续发展理念

随着北京经济迈向高质量发展，农业在发展存在过多使用化肥、农药，农业用水粗放现象，并且面临着土地资源的刚性约束，过度开发和利用耕地等资源环境约束趋紧，北京农业按照原有耗资源、高投入、高成本的发展方式呈现出“疲倦”的状态，迫切要求农业向绿色生态可持续发展方向转变。北京现代农业产业园始终将绿色、生态、可持续发展作为发展方向，通过发展绿色产业，推广绿色模式，建立绿色、低碳、循环发展长效机制，为推动北京农业确保农业绿色发展提供新方式。一方面，各现代农业产业园具有一定基础，围绕着主导产业，不断吸引和集聚现代要素，将创新、科技、绿色作为产业融合发展第一动力，将主导产业做大做强，能够推动农业发展由数量增长为主转到数量、质量并重，严格把控质量可追溯体系、农产品抽检合格等质量安全水平情况，保障农产品质量安全；另一方面，将绿色可持续发展理念深入现代农业产业园，增加节水灌溉面积，促进农业节水，减少农作物化肥、农药利用率，降低农业农药化肥污染。北京现代农业产业园是一种种养结合紧密、农业生产清洁的重要平台，为农业农村经济持续健康发展注入新动能、新活力。

（四）加快打造科技创新新载体

农业现代化关键在科技进步和创新。北京功能定位是科技中心城市，科技辐射带动是北京农业的优势，辐射带动能力较强。农业发展不断找准农业科技突破方向，着力破解制约农业创新发展的突出科技难题，推进农业数量、质量和可持续的协调发展，提升农业现代化建设。北京在发展都市型现代农业进程中一直遵循通过农业科技创新探索建立农业科技进步新模式，建立完善的农业现代化体系。北京现代农业产业园是农业科技工作的重要抓手，是推动农业现代化发展的重要增长极。现代农业产业园发展重点在于利用先进的科学技术、大量的资本投入等要素条件构建生物种业、数字农业、智慧农业、观光农业、订单农业，加快农业科技成果转化；现代农业产业园引进的人才、科研机构、科技资本等创新要素在产业园内通过企业、合作社、农户等经营主体不断融合，更大程度上辐射带动农民持续稳定增收。北京现代农业产业园以科技为支撑，推进农业现代化建设，这为促进农村产业发展提供广阔空间。

二、北京现代农业产业园产业融合现状

在乡村振兴背景下，北京为落实城市战略定位，积极推动北京现代农业产业园产业融合，引领北京都市型现代农业向层次更高级、结构更合理、融合更深入迈进。北京市 10 家产业园目前已形成了一批主导产业特色优势明显、规划布局科学合理、建设水平区域领先、绿色发展成效突出、带动农民作用显著、政策支持措施有力、组织管理健全完善的现代农业发展平台。产业融合发展能够有效打破边界的限制，特别是围绕农业产前、产中、产后的产业链条逐步对接，能有效促进资源要素合理流动，最终实现经济、社会、生态等多方面的融合。北京现代农业产业园融合现状主要有以下几点。

（一）发展定位

北京现代农业产业园自创建以来，立足于北京，辐射津京冀，发挥产业园聚集效应、扩散效应和催化效应，从生产端、供给侧入手，促进农业生产、物流、服务等相互融合，重构升级产业链、价值链，创新体制机制，创造新供给、满足新需求、引领新消费，是牵引区域经济发展的“牛鼻子”，成为北京都市型现代农业发展的新平台、新引擎。

北京市现有10家现代农业产业园，立足发展基础和优势，秉持科技集成创新、产业融合发展等主体功能有效带动农业发展。经过创建，各现代农业产业园有着不同的发展定位（表5-1），为促进农村产业融合发展提供有效载体，为北京农业农村发展注入新动能。如通州区于家务乡产业园发展定位为国家现代种业创新试验示范区，全面突出主体地位，积极培育高精尖产业和高端业态，着力打造成为创新、高端的产业园，成为区域中重要的增长极。

表5-1　北京现代农业产业园发展定位

序号	产业园名称	发展定位
1	房山区	营养健康农产品生产示范区、现代农业技术与装备集成区
2	房山区窦店镇	京津冀高新农业协同发展区、首都高端安全“菜篮子”供应区
3	大兴区庞各庄镇	中国生态西瓜行业旗舰区、瓜乡梨海休闲度假示范区、绿色高端服务区
4	大兴区长子营镇	航食育苗示范区、航食种植示范区、航食加工基地
5	平谷区峪口镇	中国生态禽业养殖示范区、现代农业科技创新创业基地、绿色高端服务区
6	房山区大石窝镇	高端蔬菜定制小镇示范区、产村融合兴旺示范区
7	通州区西集镇	樱桃品种研究示范基地，智慧樱桃生产研发示范区

（续）

序号	产业园名称	发展定位
8	通州区于家务乡	国家现代种业创新试验示范区、高精尖现代农业发展示范区
9	密云区	健康支持型农业示范区、生态文明循环农业全产业链示范区
10	平谷区	全国畜禽种业科技创新中心、国际畜禽种业科技合作中心

资料来源：根据调研数据汇总。

（二）发展布局

为进一步推动产业园集约发展、联动发展和协调发展，截至2020年底，在北京市农业农村局的带领下，共申报创建了10家现代农业产业园，覆盖房山、大兴、通州、平谷、密云5个区17个镇，其分布主要在北京市西南部，既包括城六区以外的平原地区，又涉及生态涵养区。

北京市10家现代农业产业园发展区位良好，从各园区交通区位情况来看（表5-2），其分布主要在交通网较为密集的北京市西南部，距离北京行政副中心较近，产业园区辐射面较广，农产品在物流运输等环节较为便利。如大兴区长子营镇现代农业产业园地处大兴新城、亦庄新城、新航城、城市副中心、廊坊新城五个新城的战略腹地，五城环绕更加有利于区域间的互联互通；从各产业园合理制定产业园规划方案来看，将区域发展理念融入产业园规划中，从规划面积上看，有些产业园规划范围为全镇区域，如房山现代农业产业园、大兴区长子营镇现代农业产业园、平谷区峪口镇现代农业产业园、通州区西集镇现代农业产业园、通州区于家务乡现代农业产业园及密云区现代农业产业园，有些产业园规划面积占镇面积一部分，如房山区窦店镇现代农业产业园、大兴区庞各庄镇现代农业产业园、房山区大石窝镇现代农业产业园，占比均达到镇面积40%以上。

表 5-2　北京现代产业园交通区位条件

产业园名称	交通区位条件
房山区	位于北京西南部，距市区 25 千米，紧邻良乡高教园区、海聚物流基地、区工业开发区、长阳中央休闲购物区以及北京窦店高端制造业基地
房山区窦店镇	位于北京西南部，距市区 37 千米，窦店镇距良乡卫星城 9 千米，京石快客、京石高速公路等贯穿全镇，地处京冀连接区
大兴区庞各庄镇	位于北京南部，距市中心仅 13 千米，远郊区中离北京城区和北京城市副中心最近
大兴区长子营镇	距大兴机场 15.6 千米，距临空产业副中心仅 6 千米，东南过境通道横穿镇区直达北京行政副中心，南抵廊坊国寿生态新城
平谷区峪口镇	位于北京东北部，距离北京市城区 50 千米，处于京津冀环渤海经济圈的核心地带，距离首都机场 40 千米，距离天津新港 130 千米，距离京津物流基地 15 千米
房山区大石窝镇	位于北京西南部，距离北京市城区 70 千米，与河北省涞水县、涿州市接壤。全镇纳入了首都“一小时经济圈”
通州区西集镇	位于北京市东南部，距北京市区约 25 千米，距通州区卫星城约 21 千米，距副中心 20 千米，公路为东北、河北进京的交通要道
通州区于家务乡	位于北京东南部，距通州核心区 21 千米，距离北京副中心行政办公区 20 千米。园区周边有密集的交通网，京津高速、京沪高速、环首都高速、张采路、张凤路、通房路等
密云区	位于北京东北部，距离北京市区 60 千米，近邻河北
平谷区	位于北京东北部，西距北京市区 70 千米，东距天津市区 90 千米，是连接两大城市的纽带，南与河北省三河市为邻，是京津冀的交界处

资料来源：根据调研汇总。

（三）主导产业

在主导产业中，北京市现代农业产业园依托当地自然禀赋，发展特色优势主导产业，产业集聚程度较高，进行产业融合发展。各产业园立足镇域特色优势产业，已形成种养规模化、科技集成化、营销品牌化的产业链格局，逐渐形成以主导产业为基础，向加工第二产业、服务第三产业融合，将园区打造为三产融合的现代农业产业示范平台。10 家产业园总面积达 12.27 万公顷，耕地 2.808 万公顷，农户 18.44 万户，涉及蔬菜、航食、水果等 12 个主导产业（表 5－3），以水果、蔬菜为主导产业，此外还有畜牧业、禽业、航食、康养园艺以及科技水平较高的现代种业，已形成具有特色优势的主导产业，为北京"菜篮子"工程提供保障，且尚不存在同质化现象，初步已形成现代农业生产业体系，为推动北京乡村振兴发展奠定坚实基础。2020 年 10 家产业园总产值 165.19 亿元，主导产业总产值 124.44 亿元，主导产业产值占产业园总产值比重为 75.33%（图 5－1），在产业集中、上下游连接、产业间关联等方面发展较好，产业聚集程度较高，为产业园产业融合发展形成了良好基础。

表 5－3 北京现代农业产业园主导产业情况

产业园名称	主导产业
房山区	功能蔬菜、康养园艺
房山区窦店镇	肉牛、蔬菜
大兴区庞各庄镇	西瓜
大兴区长子营镇	航食产业
平谷区峪口镇	禽业、大桃
房山区大石窝镇	蔬菜
通州区西集镇	樱桃
通州区于家务乡	现代种业、蔬菜
密云区	果蔬产业
平谷区	畜禽种业

资料来源：根据调研汇总。

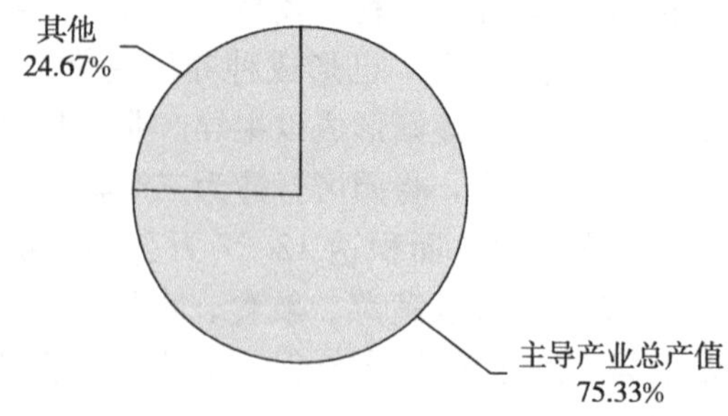

图 5-1　2020 年北京现代农业产业园主导产业占比情况

资料来源：根据调研汇总。

（四）辐射带动

在绿色发展成效中，各产业园坚持将生态文明理念贯穿产业融合发展全过程，注重农业生产与资源环境协调发展。一是妥善处理好农业生产、农民增收、生态的关系；二是大力实施“一控两减三基本”，发展资源节约型、生态循环型产业园，推进农业循环共生与清洁化生产；三是大力推广高效节水农业、病虫害统防统治等技术，打造绿色产业基地循环链，提高优质农产品生产比例，夯实产业融合发展基础。由表 5-4 可知，10 家现代农业产业园农田节水灌溉面积比重基本都在 75%以上，农膜、农药、化肥包装废弃物回收处置率均已超过 86%，畜禽粪污综合利用率均已超过 90%，农产品质量安全合格抽检率均达到 100%，绿色发展成效相对较好。各产业园坚持绿色发展理念，产业融合发展不以牺牲自然环境为代价，不断改善农业生产条件，处理好生产、生活、生态的关系，注重生态和环境保护，走人与自然和谐共生的绿色发展道路。

在带动农民作用方面（表 5-5），2020 年，现代农业产业园与企业、合作社建立订单合作关系的农户达到 6.92 万户，占产业园总农户数 46.06%，平均农民人均可支配收入达 2.94 万元，带农增收能力不断增强。现代农业产业园以构建现代农业为目标发展村集体经济，一是通过“保底收购＋分红”、利润返还、股份合作制等形式，不断探索股份合作等模式，引导企业和农户建立起紧密的“企业主体、利益共享、风险共担”利益联结机制；二是鼓励农民土地经营权等要素与企业资金、技术有机结合，引导价值链向农户倾斜，示范带动小农户共同发展，建成命运与共的产业园产业融合发展主体；三是创造农民参与产业园产业融合的机会，支持产业园为农民提供种植技术、初加工、农产品营销等服务，引导农民发展新产业，让农民分享二、三产业增值收益，提升小农户自我发展与现代农业对接的能力，实现产业融合发展，保障农民获得合理的产业链增值收益。

表 5-4　2020 年北京现代农业产业园绿色发展成效情况

产业园名称	级别	节水灌溉面积比重（%）	农膜、农药、化肥包装废弃物回收处置率（%）	畜禽粪污综合利用率（%）	农产品质量安全抽检合格率（%）
房山区	国家级	76.00	—	100.00	100
平谷区	国家级	85.00	—	97.83	100
密云区	国家级	99.00	—	95.10	100
窦店镇	市级	100.00	100	90.00	100
长子营镇	市级	100.00	100	95.20	100
庞各庄镇	市级	100.00	100	97.00	100
西集镇	市级	100.00	100	100.00	100
于家务乡	市级	44.14	86	100.00	100
大石窝镇	市级	100.00	100	95.00	100
峪口镇	市级	100.00	100	100.00	100

资料来源：数据根据调研汇总。

表 5-5　2020 年北京现代农业产业园农村居民人均可支配收入

产业园名称	级别	企业、合作社建立订单合作关系的农户数	农民人均可支配收入（万元）
房山区	国家级	11 328	4.41
平谷区	国家级	1 572	3.60

（续）

产业园名称	级别	企业、合作社建立订单合作关系的农户数	农民人均可支配收入（万元）
密云区	国家级	4 526	3.01
窦店镇	市级	9 884	2.33
长子营镇	市级	6 692	2.51
庞各庄镇	市级	10 240	3.07
西集镇	市级	10 257	2.00
于家务乡	市级	11 525	3.00
大石窝镇	市级	1 500	2.17
峪口镇	市级	1 683	3.30

资料来源：根据调研汇总。

三、北京现代农业产业园产业融合发展模式

现代农业产业园是拉动区经济增长的“牛鼻子”。产业园随着产业自身在产业规模、空间规模不断发展壮大，主导产业实现融合发展势在必行。运用产业集聚理论、农业多功能性理论、产业链等相关理论，结合北京现代农业产业园的产业融合发展实际，将其发展模式总结为三种。

（一）农业产业链延伸型融合

农业产业链延伸型融合是指通过产业链多维度开发，将主导产业作为核心，拓宽增收渠道，强化产业链上下游贯通的过程，从而实现农业产业价值最大化，以提升附加值。具体而言，现代农业产业园主导产业规模较大，以农产品加工为引领，挖掘农业新价值，推进产业融合发展。农业产业链延伸产生的影响不仅局限于园区自身发展，而且可以通过产业集聚效应辐射扩散，带动区域经济发展，即以第一产业为基础，逐渐形成较为合理的农业六次产业

结构。

现代农业产业园产业链延伸融合首先通过农业产业优化发展，提升价值链，打造高效、高质、节水农业，并对农产品进行初加工，发展休闲旅游；其次打造科技素质队伍，增强组织链，通过培养“三懂三会”的新型职业农民，让农民参与产业园主体收益，维护农民利益；最后进行社会化服务，拓宽服务链，产业园中主体均可用公共品牌，实施品牌战略，通过科技技术创新，发展现代物流业，主要有以下两种方式：①产业园产业链上游延伸，向规模化、专业化、科技化发展，中游环节提高自身能力，下游延伸进入到市场，向标准化、产业化、品牌化发展；②产业园内主体通过再联合的形式提高整体的效益。产业园内专业合作社向产业链上游延伸，组织小农户进入产业链上游，为企业提供农业生产原材料，中游环节将分散要素集中起来，降低进入市场的交易成本，下游延伸进行渠道拓展、品牌建设，降低市场交易风险。

例如房山区现代农业产业园（图 5－2）立足功能蔬菜生产，瞄准北京高端农产品市场，充分发挥北京“都市现代农业”的先行优势，结合“菜篮子”工程积极拓展二、三产业，延伸产业链条，提升产品附加值，打造国家现代农业产业园总部基地。一是产业园产业链上中下延伸融合，目前产业园内龙头企业以北京凯达恒业农业技术开发有限公司为主，进行种植、加工、销售于一体的新技术产业链延伸型产业融合，主要从事净菜加工、果蔬脆、芽苗菜、脱水蔬菜等产品生产、深加工和销售业务，净菜销往北京首都机场、大兴机场、中央在京企事业单位和中小学食堂，直接配送肯德基和必胜客等 107 家公司、6 569 家餐饮连锁店以及 30 余个星级酒店，市场占有率在全国果蔬行业中名列前茅，已发展成为果蔬脆片技术国际领先的行业领军企业；二是产业园通过 16 个村经济合作社再联合形式，围绕主导产业全产业链实际需要，聚集市场、资本、信息、人才等要素融合，降低进入市场的交易成本，拓展“良乡优品”公共品牌建设，降低市场交易风险。房山区现代农业产业园建成了“百蔬园”“百草园”“百香园”“百花园”“百果园”等观光休闲农业园区；连续2年成为“中国农民丰收节”系列活动的分会场，举办“北京·房山秋收”活动，为北京世界园艺博览会建设“中国百蔬园”；承担中国儿童少年基金会学农教育公益项目，建设了3个北京市中小学生社会实践基地，与34家学校签订合作协议。

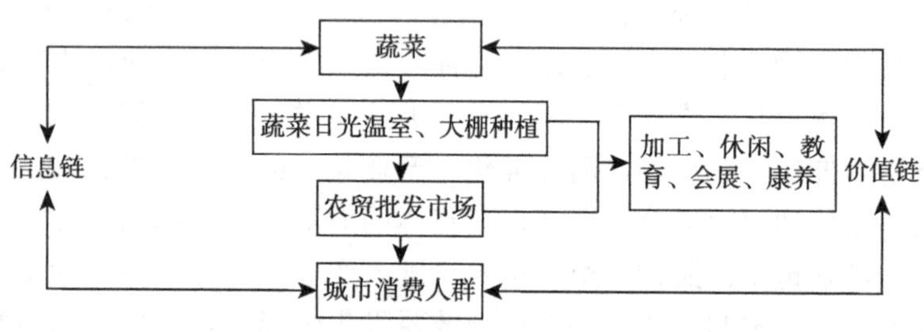

图5-2　房山区现代农业产业园产业链示意图

（二）科技技术渗透型融合

科学是第一生产力。科技技术渗透型融合体现了科技要素对农业的影响，符合北京“政治中心、文化中心、国际交往中心、科技创新中心”的功能定位，是指运用现代农业科技和管理手段，通过现代生物技术、物联网、大数据分析、信息技术等对农业渗透融合，以信息技术为纽带，实现现代农业产业园在科技支撑水平、科技应用推广对产业发展的科技溢出带动作用，简化中间环节，为农业生产到销售提供服务，表现在产业园产业融合中具体可以体现在科研经费不断增长、专业技术人员较多，农业技术推广服务面积占主导产业面积比重较高，交易费用和市场风险降低等。

现代农业产业园打造科技创新引领都市农业发展的先行区，引进国内外高端智能设备，技术带动主导产业生产、加工、营销于一体的产业链构建，不断植入新要素、提供新服务、开发新产品、催生新模式、形成新业态，挖掘主导产业经济、生态、文化价值，推动三链重构和演化升级，即产业链、供应链、价值链。一是通过资金、技术人才等要素的集成，不断开发、引进高新农业技术，培育高新技术农产品、企业在园区中孵化；二是加强将产学研、农业示范等科技引领功能强的农业科技队伍建设，带动农民科学技术生产水平、提高农业文化素质；三是对农产品产业链过程中各个环节进行大数据分析，采集、集成、分析相应信息，降低农业市场风险、交易成本，提供低成本、高效率的农业产业信息服务平台。科技技术渗透是对产业园内部整个生产力系统的渗透、凝聚、组合、控制的作用，加快产业园产业升级与转型，实现整个农业生产力系统提升。

例如通州区于家务乡现代农业产业园（图 5－3）以航天育种、智能农业、基因科技三大功能为特色，在明确于家务乡发展定位的基础上，建立“一谷一乡一区”的功能发展定位，即打造中国种业硅谷、生态宜居之乡、京津冀协同发展先行区。在于家务乡未建设产业园之前，国际种业科技与农业产业链尚未形成融合，通过产业园的创建，一是建立农业大数据信息平台，通过信息来追踪市场农产品的价格，有效地将现代大数据与蔬菜发展相互融合，保障北京“菜篮子”工程有效供给；二是打造国家种业“硅谷”，基本具备承载现代种业创新服务、加强农业科技源头创新、集成创新和协同创新；三是进一步发展高精尖种业产业，形成“产学研相结合，育繁推一体化”的种业全产业链，较好地发挥了园区科技示范引领作用，积极推进种业科研创新、转化孵化、科技金融、会展展示等发展；四是该产业园制种业是劳动高密集产业，解决了于家务乡村民剩余劳动力的就业问题，在带动农民增收方面形成了农民享有“工资薪金、土地租金”的收入模式，拉动于家务乡经济增长，促进当地发展。科技引领水平较高的种业企业在于家务乡现代农业产业园聚集，整合资源要素，有效地推进于家务乡产业链创新发展，突出科技发展功能，打造以现代种业为核心的科技农业全产业链。

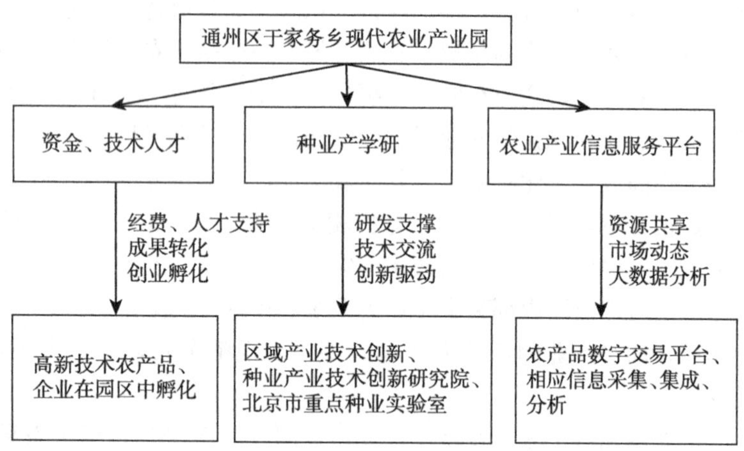

图 5-3　通州区于家务乡现代农业产业园科技技术渗透型融合

（三）农业多功能拓展型融合

农业多功能拓展型融合是指产业园以农业为基础，与科技、文化、休闲、就业等业态相互制约、相互促进，满足人们多层次需求，通过拓展农业的三生功能，即生产、生活、生态，提升农业产业的竞争力，带来不同生产要素的融合互动，产生出新的产业形态和消费业态，同时扩大农民收入，推动农村经济增长，为促进乡村振兴发挥积极作用。

农业多功能拓展型融合模式可以带动现代农业产业园向生产、生活、生态方面发展，拉动产业园经济水平，实现农业产业的增值，为农业摆脱弱质低效产业的现状开辟新的路径。一是产业园立足于第一产业，以规模化种植、养殖为基础，将主导产业做大、做强，接着以农业生态和文化承载功能拓展为基础，融入旅游业的休闲观光功能，使得农业的服务性功能日益凸现，推进与第三产业的融合；二是以主导产业为核心，融合旅游、娱乐、创意、会展、文化、冷链物流等相关产业与支持产业，形成多功能、复合型、创新性的产业融合结合体，开发整合农耕文化资源，同时赋予农产品农耕文化内涵。该模式是产业价值的“放大器”，增强产业间互动效应的同时降低产品成本，提高产业价值，为首都经济社会的发展提供支撑与保障。

例如大兴区庞各庄镇现代农业产业园，以西瓜产业为主导产业，该园区主导产业相对聚焦，产业升级发展较好。庞各庄镇现代农业产业园围绕着西瓜主导产业，带动鲜果产业全面转型升级，构建以西瓜为主的“鲜果种植＋加工＋采摘＋体验＋文化”的全产业链条（图 5－4），逐渐形成合理的三次产业结构。一是强化主导产业，建设外援基地基础设施，进行高标准种植西瓜，保障西瓜品质与供应；二是提升绿色农产品加工，产业园中龙头企业进行初加工、拓宽加工的品种，保障西瓜产业的二产精加工与初加工；三是融合文化旅游服务业，提升休闲观光、农事体验、文化创意等现代农业服务水平，丰富服务内容，提炼农业文化内涵。大兴区庞各庄镇现代农业产业园建设农业一、二、三产业融合发展区，推进农产品生产、加工、收储、物流、市场营销、休闲观光等融合发展，推进农业向产业融合、全链条增值、品牌化、专业化、绿色化发展方向转型，促进农业结构转型升级。

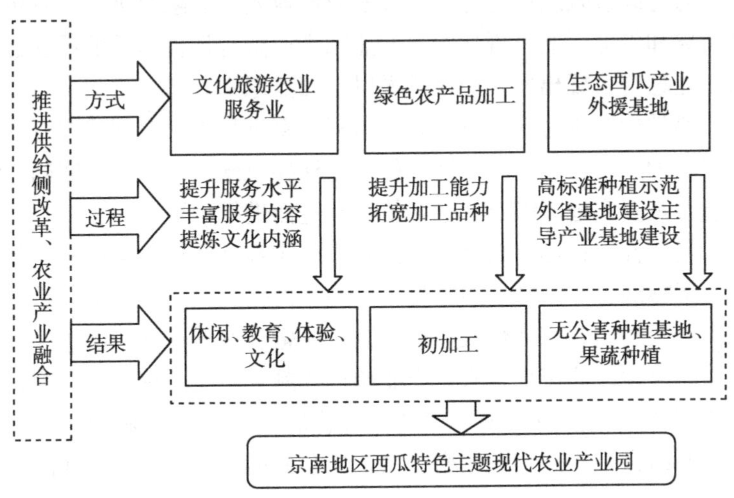

图 5－4 北京大兴区庞各庄镇现代农业产业园农业多功能拓展产业融合示意图

四、北京现代农业产业园产业融合评价

（一）评价指标的选取及解释

1. 数据来源、处理方法

数据主要来源于问卷调研。2021 年 3—10 月，通过采用问卷调研、访谈的方式获取了 8 家北京现代农业产业园的情况与数据，由于国家现代农业产业园体量大于市级现代农业产业园，且密云国家现代农业产业园、平谷国家现代农业产业园创建时间未满三年，因此在本章节的产业融合发展评价部分这 2 家国家级现代农业产业园暂不纳入评价范围。走访 8 家市级现代农业产业园、产业园内其相关企业、合作社等，共发放调研问卷共计 79 份，回收有效问卷 75 份，有效率为 94.9%。在确定指标体系权重时，采取专家打分法，专家来自北京农学院（1 名）、中国农业大学（1 名）、中国人民大学（1 名）、华中农业大学（2 名），打分具有一定的权威性。

2. 指标体系构建建立的原则

为持续有效地推进北京现代农业产业园产业融合进一步发展提供指导和借鉴，北京现代农业产业园产业融合评价体系的设立必须从产业融合目标出发，应该遵循以下四点原则。

科学性。构建产业融合评价指标体系过程中，对现代农业产业园中各种元素进行一一筛选，每个指标要概念清晰、内涵明确，确保能客观真实地反映产业融合情况，进而进行论证。

实用性。指标体系计算数据和方法应容易获取，且指标体系的各个指标能够实际计量和测量，可操作性强。并且，指标体系得分结果能反映出北京现代农业产业园产业融合发展过程中的情况。

综合性。北京现代农业产业园产业融合是比较综合性概念，评价指标体系应尽量全面考察北京现代农业产业园产业融合发展情况，各组指标相互构成紧密联系，要全面准确地反映出产业融合发展情况。

动态性。既要能反映目前现代农业产业园产业融合发展情况，又要能够对其以后的发展做出预测，反映动态发展变化。

3. 计算方法

（1）模型选择。本书采用德尔菲法、层次分析法（Analytic Hierarchy Process，AHP）确定权重。采用农业产业融合综合发展指数法（Agriculture Convergence Development Indicator，ACDI）计算出北京现代农业产业园产业融合发展指数。*ACDI* 模型公式为：单项指标指数=(该项指标的实际值÷该项指标的目标值)×100%。北京现代农业产业园产业融合发展指数 $ACDI=\sum$（该项指标指数×该项指标权重）。即：

$$ACDI=W_1P_1+W_2P_2 \tag{5-1}$$

式中，*ACDI* 为北京现代农业产业园产业融合发展指数，W_1、W_2 分别代表一级评价指标体系中的融合行为、融合结果权重，P_1、P_2 分别代表一级评价指标体系中的融合行为指数、融合结果指数。*P* 计算方法为：

$$P=\sum_{i=1}^{n}\rho_i\omega_i \tag{5-2}$$

式中，ω_i 代表不同维度中每个指标的实现程度，ρ_i 代表该指标的权重，本书指标均为正指标，实现度计算公式：$\rho=C/G\times100$，*C* 是该指标的实际值，*G* 是该项指标的目标值，当指标实现度超过 100 时，均按照 100 进行计算。

（2）北京现代农业产业园产业融合阶段划分。利用北京现代农业产业园产业融合综合发展指数模型计算 *ACDI*，各级指标用 0～100 数值表述，数值越接近 100 则该指数表现越好，反之，数值越接近 0 则该指数表现越差。本书选取国际上的分类标准，根据 *ACDI* 的分值划分为农业产业融合起步阶段、成长阶段、基本实现阶段和深度融合发展四个阶段（表 5-6）。

（二）指标体系构建框架及分析

1. 北京现代农业产业园产业融合评价指标体系构建框架

北京现代农业产业园产业融合评价指标体系从行为、结果两个维度建立评价指标体系，具体从农业与关联产业融合行为、融合发展的经济效益、社会效益以及生态效益 4 个方面（23 个指标）构建了北京现代农业产业园产业融合评价指标体系（表 5－7）。

表 5－6　产业园产业融合发展阶段划分

产业园产业融合发展阶段	划分依据
起步阶段	$10 \leqslant ACDI < 60$
成长阶段	$60 \leqslant ACDI < 80$
基本实现阶段	$80 \leqslant ACDI < 100$
深度融合发展阶段	$ACDI = 100$

表 5－7　北京现代农业产业园产业融合评价指标体系

目标层	一级	二级	三级	四级
北京现代农业产业园产业融合评价指标体系	行为	农业与关联产业融合行为	产业链延伸	第一产业增加值占产业园年总产值比重
				农产品加工业产值与农业总产值比重
				主导产业覆盖率
			多功能拓展	休闲农业收入与农业总产值比
				农产品初加工转化率
				园区休闲农业接待人次
			技术渗透发展	科研经费投入同比增长
				农业技术推广服务面积占主导产业面积比重
				农业物联网等信息技术应用比例
	结果	融合发展的经济效益	主导产业增效	主导产业产值占产业园总产值比重
				产业园年总产值
				土地产出率
			辐射带动	农村居民人均可支配收入
				农业产业化经营带动农户程度
				农户加入合作社比例

（续）

目标层	一级	二级	三级	四级
		融合发展的社会效益	组织化水平	年培训新型职业农民或农村实用人才总数
				专业技术人员数量
			就业促进	市级及以上农民专业合作社示范社数量
				农业龙头企业职工中农户所占比重
		融合发展的生态效益	绿色发展	绿色、有机、地理标志农产品、生态原产地保护农产品认证比例
				园区生态品牌数量
			环境发展	节水灌溉面积比重
				农作物化肥利用率

2. 北京现代农业产业园产业融合评价指标分析

北京现代农业产业园产业融合评价从行为、结果两个维度构建指标体系。本书中行为是指农业与关联产业融合行为，即现代农业产业园产业融合发展的过程；结果是指农村产业融合发展对促进经济、社会、生态的效益，因此，本指标体系维度见表 5－8。

表 5－8　北京现代农业产业园产业融合评价的指标体系维度

维度	二级指标
行为	农业与关联产业融合行为
结果	融合发展的经济效益
	融合发展的社会效益
	融合发展的生态效益

（1）行为指标。①第一产业增加值占产业园年总产值比重。指第一产业增加值占产业园年总产值比重，反映农业产业链延伸水平。2019 北京市第一产业增加值占地区生产总值的比重为 0.32％，考虑北京现代农业产业园土地资源的限制，确定 0.4％作为本指标目标值。

②农产品加工业产值与农业总产值比。指产业园中农产品加工业产值占产业园中农业总产值的比值，反映农业产业链延伸水平。依据《国家现代农业产业园创建绩效评价和认定工作的通知》设定为 3∶1，确定 3%为本指标的目标值。

③主导产业覆盖率。指主导产业耕地面积与园内耕地总面积的比值，反映农业产业链延伸水平。依据《国家现代农业产业园创建绩效评价和认定工作的通知》设定为 60%以上、《现代农业产业园建设指引》设定为 60%以上，目标值设定为 60%。

④休闲农业收入与农业总产值比。指产业园休闲农业收入占产业园农业总产值比重，反映融合发展水平。依据《北京市级现代农业示范区创建管理办法（试行)》设定为 0.4∶1，确定 0.4%为本指标的目标值。

⑤农产品初加工转化率。指农产品初加工原料量与原料总产量的比值，反映农业产业化经营水平。依据《国家现代农业产业园创建绩效评价和认定工作的通知》设定为 80%以上、《现代农业产业园建设指引》设定为 80%以上，确定 80%为本指标的目标值。

⑥园区休闲农业接待人次。指本年接待休闲观光人次总和，反映了观光农业和乡村旅游业发展的规模和影响。依据北京农业农村局《北京现代农业产业园监测评价办法》设定为 8 000 人次，确定 8 000 人次为本指标的目标值。

⑦科研经费投入同比增长。指本年度企业、合作社等经营主体科研经费投入增长额与上年度科研经费投入的比值。依据《北京现代农业产业园监测评价办法》中设定为 15%，确定 15%为本指标的目标值。

⑧农业技术推广服务面积占主导产业面积比重。指农业技术推广服务面积与主导产业面积的比值。依据《北京现代农业产业园监测评价办法》中设定为 90%，确定 90%为本指标的目标值。

⑨农业物联网等信息技术应用比例。指利用农业物联网等农业现代化信息技术面积占主导产业面积的比重。依据《北京现代农业产业园监测评价办法》中设定为 50%，确定 50%为本指标的目标值。

（2）结果指标。①主导产业产值占产业园总产值比重。指主导产业产值占产业园总产值的比重。依据《关于开展2018年国家现代农业产业园创建工作的通知》设定为50%以上、《现代农业产业园建设指引》设定为50%以上，确定50%为本指标的目标值。

②产业园年总产值。指在一年内产业园生产地全部最终产品和服务价值的总和。依据《国家现代农业产业园创建绩效评价和认定工作的通知》设定为30亿元（国家现代农业产业园一般面积和生产规模都较大），《北京现代农业产业园监测评价办法》中设定10亿元，确定10亿元为本指标的目标值。

③土地产出率。指一定单位面积上的农业产值。依据《北京市"十三五"时期都市现代农业发展规划》到2020年为0.31万元/亩[①]，2017年全国36个大中城市平均水平为0.65万元/亩，《北京现代农业产业园监测评价办法》中设定1.8万元/亩，确定1.8万元/亩为本指标的目标值。

④农村居民人均可支配收入。指农村居民可用于自由支配的收入。依据《北京市"十三五"时期都市现代农业发展规划》到2020年为3万元，确定3万元为本指标的目标值。

⑤农业产业化经营带动农户程度。指产业园内农业龙头企业、农民合作社等组织带动农户数占从事第一产业农户数比值。依据《北京现代农业产业园监测评价办法》中设定为50%，确定50%为本指标的目标值。

⑥农户加入合作社比例。指参加农民专业合作社的农户数量与农户总数的比值。依据《现代农业产业园建设指引》设定为30%以上、《北京市"十三五"时期都市现代农业发展规划》显示到2020年为75%，确定75%为本指标的目标值。

⑦年培训新型职业农民或农村实用人才总数。指年培训新型职业农民或农村实用人才总数。依据《国家现代农业产业园创建绩效评价和认定工作的通知》设定为200人次以上，《北京现代农业产业园监

① 亩为非法定计量单位，1亩=1/15公顷。——编者注

测评价办法》中设定 300 人次，确定 300 人次为本指标的目标值。

⑧专业技术人员数量。指获得初级及以上职称或取得其他资格的农业科技研发人员与农业科技推广人员数量之和。依据北京市科技创新中心定位及市级及以上科研教育单位设立合作平台，《北京现代农业产业园监测评价办法》中对该指标目标值的设定为 300 人次，本指标目标值设定为 200 人。

⑨市级及以上农民专业合作社示范社数量。指获得有关部门认定的国家级、市级农民专业合作社示范社的数量。依据《北京现代农业产业园监测评价办法》中对该指标目标值的设定 2 家，本指标目标值设定为 2 家以上。

⑩农业龙头企业职工中农户所占比重。指（国家级、市级）农业龙头企业职工中农户人数与职工总数的比值，反映产业园带动农户水平。依据《北京市农业产业化重点龙头企业认定和动态监测管理办法》设定为 50%以上，确定 50%为本指标的目标值。

⑪绿色、有机、地理标志农产品、生态原产地保护农产品认证比例。指绿色、有机、地理标志、生态原产地保护农产品认证种植面积与总种植面积的比值。依据《国家现代农业产业园创建绩效评价和认定工作的通知》，绿色、有机、地理标志农产品认证比例达到 80%以上，《北京市乡村振兴战略规划（2018—2022 年）》显示“三品一标”农产品认证覆盖率提升到 75%以上，确定 80%为本指标的目标值。

⑫园区生态品牌数量。指获得国家地理标志产品、生态原产地保护产品、全国一村一品示范村、北京市特色专业示范村、北京农业好品牌及注册商标的数量总和。依据《北京现代农业产业园监测评价办法》中设定为 14 个，确定 14 个为本指标的目标值。

⑬节水灌溉面积比重。指使用节水灌溉的耕地面积与总耕地面积的比值。2018 年北京市各产业园发展平均水平为 91%，确定 100%为本指标的目标值。

⑭农作物化肥利用率。指农作物吸收施入土壤中肥料的有效养分量与所施肥料有效养分量的比值。依据《北京市乡村振兴战略规

划（2018—2022 年）》到 2020 年为 40%，确定 45%为本指标的目标值。

（三）北京现代农业产业园产业融合评价指标体系权重的确定

本书采用德尔菲法和层次分析法对北京现代农业产业园产业融合评价指标赋权。邀请从事现代农业产业园研究等相关工作的 5 名专家，根据指标体系的层次，逐层对各个要素两两之间进行重要性的比值，对指标的相对重要程度进行打分，并建立判断矩阵，算出各指标的权重，当一致性比例（CR）<0.1 时，则通过一致性检验。

以北京现代农业产业园产业融合评价指标体系为例，建立判断矩阵。由公式运算得出其 $\lambda_{max}=2$，相应的特征值 $W_i=(0.5, 0.5)$，即分别对行为、结果的权重。最后得出 $CR=0<0.1$，说明判断矩阵的结果有效。重复以上步骤计算，将其他各指标按同理进行赋权重，得到北京现代农业产业园产业融合评价指标体系权重（表 5-9、表 5-10），每一级指标同理重复以上步骤，由于以上指标的计算同上述步骤，在这里就不多加赘述，最终形成各级指标权重见表 5-11。

表 5-9　北京现代农业产业园产业融合评价指标体系两两判断矩阵

北京现代农业产业园产业融合评价指标体系	行为	结果	权重（W_i）
行为	1	1	0.5
结果	1	1	0.5

注：$CR=0$，$\lambda_{max}=2$。

表 5-10　农业与关联产业融合行为指标两两判断矩阵

农业与关联产业融合行为	农业产业链延伸	农业多功能拓展	技术渗透发展	权重（W_i）
农业产业链延伸	1	3	3	0.6
农业多功能拓展	1/3	1	1	0.2
技术渗透发展	1/3	1	1	0.2

注：$CR=0$，$\lambda_{max}=3$。

表 5-11　北京现代农业产业园产业融合评价指标体系权重

目标层	一级	权重	二级	权重	三级	权重	四级	权重
北京现代农业产业园产业融合评价指标体系	行为	0.5	农业与关联产业融合行为	0.500 0	产业链延伸	0.300 0	第一产业增加值占产业园年总产值比重	0.191 1
							农产品加工业产值与农业总产值比重	0.031 4
							主导产业覆盖率	0.077 5
					多功能拓展	0.100 0	休闲农业收入与农业总产值占比	0.033 3
							农产品初加工转化率	0.033 3
							园区休闲农业接待人次	0.033 3
					技术渗透发展	0.100 0	科研经费投入同比增长	0.033 2
							农业技术推广服务面积占主导产业面积比重	0.033 5
							农业物联网等信息技术应用比例	0.033 4
	结果	0.5	融合发展的经济效益	0.275 0	主导产业增效	0.206 2	主导产业产值占产业园总产值比重	0.111 3
							产业园年总产值	0.033 7
							土地产出率	0.061 2
					辐射带动	0.068 7	农村居民人均可支配收入	0.032 3
							农业产业化经营带动农户程度	0.021 8
							农户加入合作社比例	0.014 6
			融合发展的社会效益	0.104 9	组织化水平	0.026 2	年培训新型职业农民或农村实用人才总数	0.006 7
							专业技术人员数量	0.019 5

（续）

目标层	一级	权重	二级	权重	三级	权重	四级	权重
					就业促进	0.078 7	市级及以上农民专业合作社示范社数量	0.026 2
							农业龙头企业职工中农户所占比重	0.052 5
			融合发展的生态效益	0.120 1	绿色发展	0.080 1	绿色、有机、地理标志农产品，生态原产地保护农产品认证比例	0.040 0
							园区生态品牌数量	0.040 0
					环境发展	0.040 0	节水灌溉面积比重	0.013 3
							农作物化肥利用率	0.026 7

表 5－11 所有指标的随机一致性比例 CR<0.1，通过此次专家打分和层次分析法分析，依据各指标权重分配可以得出各个指标对北京现代农业产业园产业融合发展影响程度，从而进行评价结果分析，再进一步利用实证分析，找出北京现代农业产业园融合过程中所存在的问题，并提出相应的策略。

从二级指标层权重结果来看，农业与关联产业融合行为（0.500 0）>融合发展的经济效益（0.275 0）>融合发展的生态效益（0.120 1）>融合发展的社会效益（0.104 9）。

从三级指标层权重结果来看，产业链延伸（0.300 0）>主导产业增效（0.206 2）>多功能拓展（0.100 0）＝技术渗透发展（0.100 0）>绿色发展（0.080 1）>就业促进（0.078 7）>辐射带动（0.068 7）>环境发展（0.040 0）>组织化水平（0.026 2）。

（四）北京现代农业产业园产业融合分析

为了保证研究结果的公正性和保密性，本书中的产业园名称均由字母 A、B、C、D、E、F、G、H 替代。

1. 北京现代农业产业园产业融合发展阶段分析

（1）北京现代农业产业园产业融合发展阶段较好。对北京现代农业产业园 2017—2020 年的产业融合发展指数进行测算，如表 5－12、图 5－5 所示，2017—2019 年，各产业园处于产业融合快速发展期，部分产业园达到基本实现阶段，产业园整体发展呈上升趋势，A、F、C、D、H、E 产业园基本进入产业融合阶段，占比 75%，G、B 产业园处于成长阶段，占比 25%。北京现代农业产业园产业融合发展指数均值从 75.22 上升到 84.62，从成长阶段向基本实现融合阶段逐渐发展，北京申报创建现代农业产业园，大力促进农业“调转节”的实施，有效促进了各产业园产业的融合发展。2020 年北京现代农业产业园总体发展水平下降，产业融合发展指数均值从 84.62 降为 53.72，除 B 融合发展指数上升外，基本进入产业融合阶段，其他园区融合发展指数均呈不同程度下降。受新型冠状病毒（以下简称“新冠”）疫情影响，各地对人员流动有较大的限制，一是导致产业园劳动力不足，对园区生产及建设产生较大影响，二是园区消费动力不足，收益下降，以蔬菜水果等农产品采摘为销售方式的园区因客流量减少，农产品销售量下降，虽然部分园区进行线上农产品销售，但因物流影响，销售仍然遇到一定阻碍，导致园区收益总体有所下降，园区产业融合发展受阻。

表 5－12　北京现代农业产业园产业融合发展指数

产业园	2017 年	2018 年	2019 年	2020 年
A	62.53	79.31	93.29	24.80
B	78.82	82.87	74.33	85.81
C	89.27	82.67	85.60	61.89
D	73.55	76.44	87.41	51.39
E	62.81	69.74	92.75	80.79
F	78.45	80.64	81.65	26.63
G	64.47	70.88	73.73	39.13
H	91.90	87.77	88.23	59.30
均值	75.22	78.79	84.62	53.72

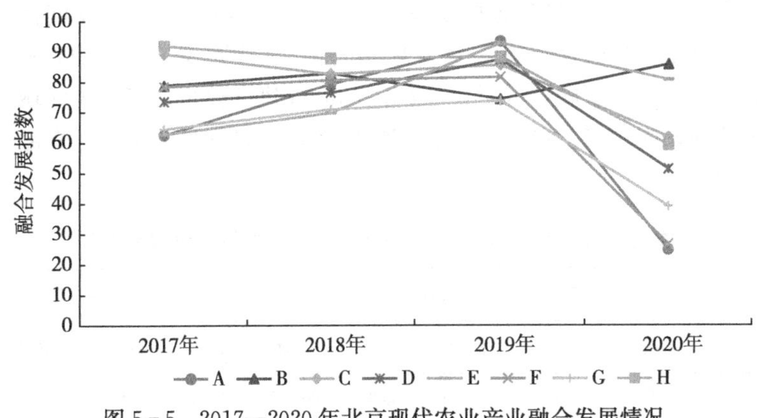

图 5-5　2017—2020 年北京现代农业产业融合发展情况

（2）北京现代农业行为与结果整体较好且呈上升趋势。如表 5-13 所示，2017—2019 年，北京现代农业产业园融合行为及融合结果均取得显著成效，2020 年由于受新冠疫情影响，部分园区融合行为及融合结果指数不同程度下降。总体来看，2017—2019 年，融合行为、结果指数相差不是很悬殊，处于基本持平状态，而且 2018、2019 年略高于 2017 年融合指数，表明融合结果在逐渐显示出优势，北京产业园产业融合的融合行为、融合结果均步入成长阶段。2020 年，各园区产业融合情况与经济效益受新冠疫情影响较大，除 B 外，其余产业园的融合行为指数均较 2019 年有所下降，疫情对融合结果指数的影响较小，A 及 B 融合结果指数较 2019 年有所上升。由此可知产业园经过三年的发展已经形成了较好的社会效益和生态效益，并且具有一定的抗风险性与稳定性，证明产业园产业融合的推进实施确实促进了农业和农村的绿色发展，增加了社会稳定性。

2. 融合行为分析

（1）农业与关联产业融合行为指数总体呈上升趋势。根据北京现代农业产业园产业融合行为结果指数（表 5-14）可以看出，2017—2019 年，各园区融合行为大都呈上升趋势，2020 年受新冠疫情影响，除 B、E 外，其他园区融合行为均出现显著下降趋势，整体来看，产业融合行为处在成长阶段，融合行为正在逐步发挥。

B及E两个园区的农业科技发展情况较好，均搭建了科技创新平台，基本实现数字化技术覆盖主导产业，从而减少了因劳动力不足对园区生产的影响，并且两家园区的品牌建设较好，打造了区域特色品牌，实现了品牌效应，在疫情期间，可以满足消费者对食品安全的需求。

表5-13　2017—2020年北京现代农业产业园产业融合情况

产业园	2017年		2018年		2019年		2020年	
	行为	结果	行为	结果	行为	结果	行为	结果
A	60.56	64.50	85.35	72.42	98.33	88.25	−39.30	88.91
B	73.65	83.99	76.86	88.87	69.02	79.64	85.95	85.67
C	90.18	88.35	76.37	88.97	75.31	95.89	31.57	92.20
D	65.54	81.55	69.27	83.60	87.12	87.69	17.74	85.04
E	51.86	73.75	65.70	73.77	94.34	91.17	80.23	81.35
F	82.04	74.85	87.33	72.05	87.73	75.57	−14.55	67.81
G	57.85	71.09	60.49	81.27	69.25	78.22	6.77	71.49
H	92.50	91.30	83.09	92.44	82.32	94.13	42.78	75.82

表5-14　2017—2020年北京现代农业产业园融合行为结果指数分析——农业与关联产业融合行为

产业园	2017年	2018年	2019年	2020年
A	60.56	85.35	98.33	−39.30
B	73.65	76.86	66.81	85.95
C	90.18	80.37	85.22	31.57
D	65.54	69.27	87.12	17.74
E	51.86	65.70	94.34	80.23
F	82.04	87.33	87.73	−14.55
G	57.85	60.49	48.14	6.77
H	92.50	83.09	82.32	42.78

（2）农业产业链延伸、农业多功能拓展受疫情影响较重。各产业园以 2020 年数据为主要依据（表 5－15），发现农业产业链延伸、农业多功能拓展受疫情影响较为严重，产业园技术渗透发展较好。在农业产业链延伸方面，各园区 2020 年数据差别较大，B、E 数值均超过 90，达到了深度融合发展阶段，其余园区融合行为有待进一步提升。由于限制人口流动，园区缺乏劳动力，导致部分园区生产建设受阻，数字化生产水平较低的园区第一产业和第二产业产值严重下降。在农业多功能拓展方面，数值位于 40～78，E、D、H 和 A 均低于 60，融合行为有待进一步提升，主要是由于产业园第三产业发展受阻，导致以观光采摘为销售渠道的产业园经济效益下降严重。技术渗透发展方面，数值基本位于 90 左右，处于基本实现阶段和深度融合发展阶段，但仍有部分园区的温室大棚由于年久失修，老化破损严重，导致生产水平下降，亟须提升农业物质装备水平。因此，农业产业链延伸、农业多功能拓展是制约产业园区产业融合发展的主要方面。

表 5－15　2020 年北京现代农业产业园融合行为结果指数分析——农业与关联产业融合行为

产业园	农业产业链延伸	农业多功能拓展	技术渗透发展
A	－118.74	59.70	100.00
B	90.11	61.99	97.41
C	－2.24	64.58	100.00
D	－22.93	57.49	100.00
E	91.10	40.00	87.85
F	－80.63	77.49	91.66
G	－31.73	72.91	56.11
H	27.45	57.08	74.45

以 2020 年为例（表 5－16），从融合行为四级指标中发现，第一产业增加值占产业园年总产值比重、农产品加工业产值与农业总

产值比重、休闲农业收入与农业总产值占比数值大多低于60分，各项指标由起步阶段向成长阶段迈进，反映出北京现代农业产业园需要补齐短板，需提高第一产业产值、农产品加工发展动力、休闲农业发展动力等方面。

表5-16　2020年产业园融合行为四级指标

融合行为	单位	A	B	C	D	E	F	G	H
第一产业增加值占产业园年总产值比重	%	−227.86	100.00	−44.72	−78.02	100.00	−153.12	−71.07	0.01
农产品加工业产值与农业总产值比重	%	100.00	100.00	4.00	9.00	15.00	100.00	40.00	50.33
主导产业覆盖率	%	61.70	61.70	100.00	100.00	100.00	24.92	36.23	85.83
休闲农业收入与农业总产值占比	%	20.00	27.50	25.00	5.00	7.50	60.00	62.50	5.00
农产品初加工转化率	%	89.11	89.74	93.75	100.00	47.50	100.00	87.50	100.00
园区休闲农业接待人次	人次	70.00	68.75	75.00	67.50	65.00	72.50	68.75	66.25
科研经费投入同比增长	%	100.00	92.20	100.00	100.00	100.00	100.00	66.67	22.93
农业技术推广服务面积占主导产业面积比重	%	100.00	100.00	100.00	100.00	100.00	100.00	100.00	100.00
农业物联网等信息技术应用比例	%	100.00	100.00	100.00	100.00	63.60	75.00	1.60	100.00

3. 融合结果分析

（1）融合结果指数整体提高。根据表5-13可以看出，2017—2020年，各园区融合结果大都呈上升趋势，产业融合结果处在成长阶段向基本实现阶段迈进，融合结果正在逐步发挥作用。

（2）融合结果指数社会效益、生态效益有待提高。根据表 5－17 可以看出，2017—2020 年，各产业园融合发展的经济效益、社会效益、生态效益都呈上升趋势，但融合发展的社会效益、生态效益方面有待提高。以 2020 年为例，融合的生态效益方面，未有园区融合发展的生态效益达到深度融合阶段，基本都处于成长阶段；融合的社会效益方面，B、H 达到了深度融合发展阶段，A、C、E、F、G 达到了基本实现阶段；融合的经济效益方面，C 达到了深度融合阶段，A、B、D 达到了基本实现阶段，占比 50%，E 从成长阶段向基本实现阶段迈进。

表 5－17　2017—2020 年北京现代农业产业园融合结果指数分析——融合发展的经济效益、社会效益、生态效益

产业园	2017年			2018年			2019年			2020年		
	融合发展的经济效益	融合发展的社会效益	融合发展的生态效益	融合发展的经济效益	融合发展的社会效益	融合发展的生态效益	融合发展的经济效益	融合发展的社会效益	融合发展的生态效益	融合发展的经济效益	融合发展的社会效益	融合发展的生态效益
A	68.20	43.75	74.18	85.95	47.50	66.81	97.02	67.90	85.99	98.35	85.59	70.23
B	92.25	78.12	70.24	97.38	87.50	70.63	86.96	87.50	60.62	92.37	100.00	57.83
C	83.39	100.00	89.58	83.60	100.00	91.67	94.69	100.00	95.06	100.00	84.58	81.05
D	80.13	94.24	73.75	81.30	100.00	74.58	81.27	100.00	91.67	98.08	71.81	66.79
E	89.98	59.78	48.81	90.74	60.71	46.34	100.00	82.50	78.57	89.98	83.01	60.17
F	69.32	80.90	82.27	76.45	82.63	60.71	89.81	60.65	78.93	64.47	82.86	62.36
G	69.37	83.04	64.60	84.90	83.04	71.43	86.16	83.04	83.33	74.02	87.50	51.75
H	91.87	100.00	82.44	93.08	100.00	84.44	95.10	100.00	86.82	74.07	100.00	58.72

（3）辐射带动、组织化水平、绿色发展有待提高。以 2020 年为例（表 5－18），辐射带动、组织化水平、绿色发展方面还存在一定的上升空间。在辐射带动方面，E 和 F 得分均低于 60，因其折股量化等利益联结机制建设尚不完全，促进集体经济增长的效果不明显。在组织化水平方面，A、C、D、E 得分均低于 60，因其

产业园建设周期长，工作任务分散，统筹管理工作难度大，组织化水平有待提升。在绿色发展方面，A、B、D、E、F、G、H得分均低于60，因部分生产人员长期过量施用农药、化肥，忽视有机肥的投入，致使土壤污染、耕作层变浅、板结、致病菌累积，导致农产品质量下降、病虫害频发、作物早衰等问题，严重阻碍绿色发展水平提升。在主导产业增效方面，A、B、C、D、E达到了深度融合阶段，其他园区的得分也均高于68分；在就业促进方面，B、C、E、H达到深度融合阶段，其他园区的得分也均高于83分，达到基本实现阶段；在环境发展方面，B、C、D、E、F、G达到深度融合阶段，占比75%，A、H达到基本实现阶段。

表5-18　2020年北京现代农业产业园融合结果三级指标

三级指标	A	B	C	D	E	F	G	H
主导产业增效	100.00	100.00	100.00	100.00	100.00	68.40	78.16	72.28
辐射带动	93.42	69.49	100.00	92.32	59.94	52.69	61.61	79.45
组织化水平	52.30	100.00	38.34	37.22	32.02	81.43	100.00	100.00
就业促进	83.34	100.00	100.00	83.34	100.00	83.34	83.34	100.00
绿色发展	54.81	36.76	71.58	50.19	40.26	43.54	27.63	47.40
环境发展	92.00	100.00	100.00	100.00	100.00	100.00	100.00	81.38

以2020年为例（表5-19），通过四级指标发现，部分园区的产业园年总产值，土地产出率，农业产业化经营带动农户程度，农户加入合作社比例，专业技术人员数量，市级及以上农民专业合作社示范社数量，绿色、有机、地理标志农产品、生态原产地保护农产品认证比例，园区生态品牌数量，节水灌溉面积比重指标得分低于60分，处于起步阶段。

4. 结论

（1）北京现代农业产业园产业融合发展整体处于成长阶段。近两年在乡村振兴战略推进下以及北京都市型现代农业发展背景下，产业融合发展已经出现了良好的发展态势，政策背景不断推进产业园产业融合的发展，各类主体也在稳步推进产业园产业融合发展，改变传统产业结构，转变产业发展模式，使农业产业结构由适应性调整向战略性调整，再向功能性调整转变，实现主导产业与特色产业并存，促进各产业以及各个环节有机整合，不断提升农业与二、三产业融和的发展水平，更好地发挥示范引领作用。

表 5-19　2020 年现代农业产业园融合结果四级指标

四级指标	A	B	C	D	E	F	G	H
主导产业产值占产业园总产值比重	100.00	100.00	100.00	100.00	100.00	94.18	100.00	100.00
产业园年总产值	100.00	100.00	100.00	100.00	100.00	49.00	86.50	67.70
土地产出率	100.00	100.00	100.00	100.00	100.00	32.22	33.89	24.44
农村居民人均可支配收入	100.00	77.67	100.00	83.67	100.00	72.33	66.67	100.00
农业产业化经营带动农户程度	100.00	100.00	100.00	100.00	34.42	42.50	73.36	100.00
农户加入合作社比例	69.11	6.04	99.99	100.00	9.55	24.55	32.96	3.51
年培训新型职业农民或农村实用人才总数	100.00	100.00	100.00	100.00	100.00	100.00	100.00	100.00
专业技术人员数量	89.71	100.00	17.00	15.50	8.50	75.00	100.00	100.00
市级及以上农民专业合作社示范社数量	50.00	100.00	100.00	50.00	100.00	50.00	50.00	100.00
农业龙头企业职工中农户所占比重	100.00	100.00	100.00	100.00	100.00	100.00	100.00	100.00
绿色、有机、地理标志农产品、生态原产地保护农产品认证比例	18.69	9.23	43.15	0.39	44.80	22.79	5.26	1.94
园区生态品牌数量	100.00	64.29	100.00	100.00	35.71	64.29	50.00	92.86
节水灌溉面积比重	76.00	100.00	100.00	100.00	100.00	100.00	100.00	44.14
农作物化肥利用率	100.00	100.00	100.00	100.00	100.00	100.00	100.00	100.00

（2）北京现代农业产业园产业融合行为受疫情影响严重，在农业产业链延伸、农业多功能拓展方面有待提高。一方面，产业融合行为处在成长阶段，各园区融合行为大都呈上升趋势，融合行为正在逐步发挥作用；另一方面，受疫情影响，在农业产业链延伸、农业多功能拓展方面相对较差，有待进一步提高，主要表现在第一产业增加值占产业园年总产值比重、农产品加工业产值与农业总产值比、主导产业覆盖率、休闲农业收入与农业总产值占比、农产品初加工转化率、园区休闲农业接待人次较低。农产品初加工转化率低与北京的城市定位有着直接关系，如何通过科学技术实现产业园数字化、标准化生产，以避免因缺失劳动力而导致的生产力下降，以及利用“互联网＋”发展电商模式，拓展销售渠道，推进主导产业融合发展，仍有待进一步摸索。

（3）北京现代农业产业融合结果较好，但在融合发展社会效益、生态效益还有较大提升空间。综上所述，各园区融合结果大都呈上升趋势，产业融合结果处在成长阶段向基本实现阶段迈进，融合结果正在逐步发挥作用；而且在辐射带动、组织化水平、绿色发展方面有待进一步提升。产业园应积极探索利益联结机制，发挥辐射带动能力，促进集体经济增长，带动农民增收。在北京农业紧紧围绕“调结构、转方式、发展高效节水农业”背景下，需要依靠产业园发展节水农业，进一步落实农药及化肥减量，注重品牌建设，提高农业资源利用效率，以提高产业融合发展中的生态效益。今后的发展过程中要更加注重组织化水平，加强组织领导，稳定工作推进机制，促进产业园稳步发展。

五、国内外经验借鉴

（一）国内现代农业产业园产业融合发展经验借鉴

1. 提高农产品产品附加值，融合发展

现代农业产业园发挥主导产业引领，按照“生产＋加工＋科技”的全产业链发展要求，形成产业集聚，充分挖掘园区中的产业

链，提高农产品的附加值，引领乡村产业高质量发展。

为了更好地实现产业园产业融合，使主导产业保持更好的发展活力，必须培育产业融合新业态。浙江省慈溪市现代农业产业园以精品果蔬、优质粮食为主导产业，发展的特点在于突出主导产业引领，构建蔬菜、葡萄、水蜜桃鲜食水果，水稻产业生产、加工、销售于一体的全产业链，并融入文创、旅游、电商、生态、健康等衍生业态，带动资源聚合、功能整合和要素融合，加快一、二、三产业的融合发展，促进传统产业与现代产业的高度融合，着力打造国内一流的农业创新发展示范区、全国出口蔬菜质量安全示范区、浙江省最大规模商业化盐碱地水稻生产基地，建设集生产、生活、生态功能于一体的精品果蔬、优质粮食产业融合发展区。

2. 建立生态发展机制，绿色发展

产业园产业融合发展离不开绿色发展作为引领。产业园在产业融合发展过程中，以提高农产品质量为目标，不断完善绿色、环保、循环的发展机制，探索建立绿色农业技术、产业、经营道路，统筹推动产业园产业链绿色发展，实现质量兴农、绿色强农的目标。

现代农业产业园产业融合发展必须坚持将生态文明理念贯穿于发展全过程，妥善处理好农业生产、加工、运输、销售等各个环节，大力发展节约资源、生态循环、环境友好型的产业链条。陕西杨凌示范区现代农业产业园产业融合发展过程中，按照“高产、高质、生态”的要求突出果蔬产业，形成果蔬精加工、销售、休闲农业的绿色全产业链，深度挖掘果蔬产业生态价值和景观功能，助力果蔬产业绿色升级，探索绿色发展、绿色惠民的现代农业绿色供应链体系发展理念，促进了产业链各环节的绿色发展，形成一、二、三产业相互渗透融合的产业形态。

3. 完善联结机制，共享发展

坚持以农为本，通过产业融合促进共享发展，建立品牌溢价利益联结机制、农民利益联结机制，激活农村各类要素资源，创新利益联结机制，不断增加主导产业带来的经济价值。

山东省潍坊市寒亭区国家现代农业产业园的主导产业围绕西瓜、萝卜产业，坚持以农业为基础、农民为核心、农村为载体，保障农民持续增收，共享发展理念。一方面，打造保鲜贮藏、精深加工、贸易流通、农业休闲观光体验的全产业链发展格局。另一方面，建立完善的利益联结机制，一是带动小农户利益联结机制，建立“产业园＋小农户入园打工”，促进小农户就近就地就业，实现产业园辐射带动周边成效；二是股权量化联结机制，建立“农村产权制度改革＋产业园运营＋股权量化农民”，实现财政奖补资金直接分配到农民手里，对农民的利益进行保障；三是品牌溢价利益联结机制，建立“产业园＋有技术的新农民经营＋区域品牌”，产业园依托于国家地理标志农产品“潍县萝卜”和“寒亭西瓜”，实现品牌溢价，拓展农民增收，充分调动了农民参与产业园产业链的积极性和主动性。

（二）国外现代农业产业园产业融合发展经验借鉴

1. 深度挖掘农产品附加值

荷兰农业发展在欧洲独具特色，作为国土面积小、农业用地少、农业资源匮乏的国家，荷兰产业园以高效集约化经营为特点，对产业模式进行创新，延伸农业产业链条，深度挖掘农产品的高产量、高质量、高附加值，为荷兰花卉产业创造了丰硕成果。

荷兰的郁金香产业处于国际领先地位，这一点与荷兰政府高度重视郁金香产业链分工协作与整合工作有很大关系。一是荷兰产业园郁金香产业链条在各个环节紧密相连，发挥出集聚效应，组织市场上各个主体共同服务于整个产业链，共享产业链整体价值；二是荷兰郁金香产业具有一个高度集中、完整的产业链，郁金香育种、种植、生产、加工、销售的全产业链条着力提高各环节的附加值，同时将郁金香与文化旅游产业相结合，将传统文化与旅游业相结合提升农产品附加值，创造出新价值和新市场空间，使农产品具有更大的市场吸引力和竞争力，荷兰花卉产业链文化已经成为荷兰旅游业靓丽的花卉文化名片。

2. 强化科技渗透产业链

美国科技发展处于世界领先地位，其农业产业化发展也高度重视科技水平的重要作用。美国产业园大都是以家庭农场为基础建立起来的，最明显的特征就是规模化经营、科技渗透。

美国十分重视科技技术与市场开发在农业产业融合中的作用，将生物技术、信息技术等高新技术产业的发展理念、技术成果引入农业。一是在产业链横向上，从单一的农产品销售延伸到二、三产业领域，将农业生产、商品流通、信息服务、金融服务等产业融为一体，形成了一条各环节紧密相连的农产品生产、加工、营销产业化体系；二是从纵向上，拓宽单一的农业发展，与高新技术产业领域融合，打造高端农业产业，实现新型产业形态，因此，科技渗透成为美国产业园产业融合发展强大的动力。

3. 建立紧密的利益联结机制

在发达国家，创新利益联结机制是产业园产业融合发展的保障。20 世纪 60 年代现代农业园在日本兴起，日本产业园的“六次产业化”发展能够在短时间内取得成功重要的是政府、企业在产业链中的引导，建立完善的利益联结机制。日本农业园发展过程中，在政府方面：一方面，政府建立发展专项资金机制，以保证发展过程中的补贴、投资等服务；另一方面，建立农业发展配套资金机制，以保证发展过程中政策咨询、市场开拓、宣传培训等服务。在企业方面：重视农户与企业的关系，一方面，建立农户企业合同型利益联结机制，农户与经营企业双方签订合同，并根据合同内容各自履行义务，降低了农户、经营企业的经营风险，有效地规避了因农产品价格波动产生的关系波动，稳定农户收入，提高了企业收益；另一方面，建立农户企业产权型利益联结机制，农户以土地要素入股企业，企业对农户农业生产进行指导和监督，提高了农户参与产业融合的积极性，确保了农户利益。

六、研究结论及对策建议

（一）研究结论

1. 产业链效益难以发挥

现代农业发展的目标是拓展农业产业链，扩大农业发展空间，提高发展质量。从第五章分析可以看出，当前北京现代农业产业园融合发展总体上处于成长阶段，产业融合发展水平有待提升，具体表现为产业园初级产品多，深加工不足；休闲农业收入水平较低，产业园的休闲、生态、文化等功能开发不足；产业融合链条短、附加值低。现代农业产业园主导产业进行“接二连三”“接一连三”融合路径深度不足，三产融合水平低，农业产业溢出效应尚未充分发挥，因此不利于农民收入的增加。

2. 生态农业多功能开发拓展不够

“以农为本，农民受益”是现代农业产业园的根本宗旨。在乡村振兴背景下，将农业多功能拓展融入现代农业产业园发展是其发展的首要问题。从第五章分析可以看出，目前，各产业园在农业多功能拓展方面发展有待提高，存在同质化现象，均停留在采摘、观光、休闲拓展类型，更深层次、更高端康养、教育、农耕文化、休闲拓展类型较少。北京作为首都，其农业的发展应向更高级、更合理、更精尖的农业产业多功能进行拓展，改变传统产业结构，转变产业发展和运作模式，增强产业间互动，降低产品和服务成本，创造收益递增机会，催生出新型产业形态和消费业态，同时扩大农民收入，满足人们的需求，推动农村经济增长，为促进乡村振兴发挥积极作用，带动产业园向生产、生活、生态方面发展。

3. 科技信息建设融合水平有待提升

现代农业产业园是要素集聚能力强、技术集成应用水平较高、品牌优势明显的现代农业发展的重要平台。从第五章分析可以看出，北京作为科技创新中心，资源优势明显，从产业园产业融合科技创新方面可以看出在科技支撑、农业信息化方面需进一步提升，科技创新引领有待加强。此外，产业园农业生产与资源环境协调发展方面可以看出产业园特色品牌不够明显，未形成在全国有影响力的优势产业，绿色品牌特色不突出，并且农业标准化水平不高，发展动力不足，不利于增强市场竞争力，产业融合发展逐渐步入生态可持续发展的良性轨道有待进一步凸显。

4. 组织化管理水平有待加强

目前北京现代农业产业园建设尚处于政府主导，市场主体，多方合作推进阶段，在政府各级管理、市场主体协作方面需要更好地融合并进。一方面，现代农业产业园中领导小组、管理委员会及运营公司在统筹协调、分工合作、共同推进产业园产业融合发展方面有待进一步细化和优化管理；另一方面，现代农业产业园中农民、合作社、龙头企业存在主体自主选择的过程，并不会主动形成合作机制，整体性、系统性、协同性方面联动较少，由此亟须管理机构引导和加强农民、合作社、龙头企业的多方合作与融合。

（二）对策建议

1. 完善农业全产业链，推动产业融合多元发展

各现代农业产业园夯实主导产业，做特色产业链，在聚集生产要素的基础上融合多种经营方式，以增强农产品附加值，特别是发展“互联网＋现代农业产业园”的线上线下相结合网络农业，进一步加强“互联网＋农业”信息化建设，大力发展农产品线上销售平台，农业智能化生产，将互联网技术与农业生产、农业手段、农业生产方式、农业市场开拓相融合。

一是延长产业链的长度。充分发挥产业园区位优势，借助产业园建设的良好契机，将主导产业立足于产业链各个环节，从而把产业链拉长，将新技术、新思想、新理念在产业链的一、二、三产业延伸，以加工业带动第一产业增值、以流通业推进第一产业效益提升、以农旅业拓展第一产业功能，以提高农产品附加值，进而推进产业深度融合。

二是增加产业链的宽度。产业园主导产业在生产、加工、销售等方面实现规模化种植、养殖、集约化生产，尽可能提高每个产业链条在生产前后的水平，以增加每个次级的农业产业链辅助链条和增加链条上各环节创造的附加值，使得产业环节、产品功能在垂直方向上的扩充。

三是拓宽产业链条的厚度。产业园将继续扩大主导产业的规模和提升主导产业的升级，使产业链条上生产环节逐渐从低利润、低效益行业逐步向高利润、高效益行业发展。

2. 拓宽融合渠道，提升产业融合层次

加快科技创新生产高端农产品、壮大农产品品牌是现代农业产业园产业融合发展的有力支撑，充分认识品牌对一个产业的带动效应，充分利用北京科技优势资源，加快科技创新与转化。产业园需要在土地资源的约束下，通过科技技术创新提高农产品的附加值，促进一、二、三产业融合发展，形成“生产＋加工＋科技”的现代农业产业园。一是加快引进繁育优良品种，拓宽农业融合渠道，为消费者提供更多可选择的优质农产品，以新资源农产品提升产业融合层次；二是加快与绿色健康、安全无污染产业的融合，发挥农业科技优势，引进推广领先技术；三是与品牌建设相融合，发挥农业的生态功能，充分利用产业特色、乡风文明等，突出绿色新产业、绿色新业态发展，落实品牌兴农战略，加快实现农业产业转型升级。例如：发挥龙头企业作用，壮大产业园主导产业，培育区域公共品牌、企业品牌，步入品牌兴农战略；加快园区绿色、有机、地理标志农产品，生态原产地保护农产品认证，推进标准化生产，打造产业园产业融合质优、高端产业形态，促进产业良性循环发展，提高农业竞争力。

3. 创新利益联结机制，保障农民充分受益

现代农业产业园在产业融合过程中要大力创新利益联结机制，使农民都能分享产业园产业融合溢出效应带来的利益，带动农民持续稳定增收。产业园内不同类型的龙头企业、合作社在已有的农民利益联结机制基础上，积极鼓励园内集体经济组织与企业合作，建立企业、村集体及农民多方利益联结模式。

一是培育龙头企业。以现代农业产业园建设为契机，支持龙头企业积极发展绿色农业、品牌农业，让农民与龙头企业以合同、契约、订单农业等多种形式联结，建立起龙头企业外联市场、内联农户“风险共担、利益均分”的联结机制，既解决农民面向市场调结构的问题，又为龙头企业的发展提供原料保障，实现企业和农户的“双赢”目的。

二是做强做大农民专业合作组织。充分发挥专业合作组织的带动和引领作用，积极动员专业合作组织通过“合作组织＋农户”的形式，构建土地股份合作机制、品牌溢价分享机制、产业拓展增收机制，把农民群众引入到专业合作组织中来，增强农民市场议价能力，着力破解农户分散经营与市场对接难题，壮大产业规模，提高产业发展水平，积极探索折股量化到农民的方式以保障农民合理参与和分享第二产业、第三产业发展的持续收益，实现长期享有持续稳定的收益。

4. 加强组织管理，统筹协调联动发展

加强和完善现代农业产业园产业融合发展过程中管理机构的统筹协调，建立产业园“五位一体”的工作机制，即领导小组、管理委员会、专委会、建设主体、运营公司，提升组织化水平，形成政府引导、市场主导的建设格局，共同推进现代农业产业园产业融合发展。

首先，产业园领导小组定期召开专题会研究推动产业融合相关工作，应加强农民、合作社、相关企业沟通协作，发挥各部门联动机制。

其次，结合当地实际情况，通过定位园区功能、产业化方向、突出优势、融合发展，明确产业园功能定位及产业融合发展方向，积极发挥主体的能动性，推动产业园产业集聚、高质量发展。

最后，加强领导小组、管理委员会及运营公司的组织管理，并结合产业园产业融合发展问题，出台相关扶持和支持政策，为产业园发展在促进农业提质增效、农民增收就业、农村繁荣方面发展提供良好的组织管理保障，为实现乡村产业兴旺奠定坚实基础。

// 第六章
北京现代农业产业园集聚研究

现代农业产业园是乡村产业振兴的“牛鼻子”，也是推进农业现代化建设的主要抓手。北京现代农业产业园对农业产业结构优化、农村经济发展水平提升以及农民增收等方面形成有力支撑，是实现农业现代化的重要载体，是发挥集聚效应的重要平台。近年来，北京市农业农村局高度重视北京现代农业产业园申报创建，于2019年印发《北京市级现代农业产业园创建管理办法（试行）》，大力支持现代农业产业园围绕着农业主导产业发挥集聚优势，汇集科技、生产、销售等方面的资源要素，目前已共创建10家现代农业产业园。但同时在农业资源刚性约束下，现代农业产业园受到了巨大的挑战和制约，因此需要发挥集聚效应来探索发展路径。

本章以增长极理论、规模经济理论、产业链理论和产业集聚理论为基础展开研究，结合调研梳理了北京现代农业产业园的空间分布和发展概况，运用区位商和行业集中度测算北京现代农业产业园的集聚程度，采用了熵权TOPSIS组合模型构建北京现代农业产业园集聚效应评价指标体系并进行评价，最后通过障碍度模型对北京现代农业产业园集聚效应的障碍因素进行分析。根据研究结果显示：一是北京现代农业产业园自2017年创建以来，主导产业不断发展壮大，产业链不断完善，集聚程度不断提高，并已形成内部增长极；二是通过对现状进行梳理，得出形成集聚效应的基础上，对其集聚程度进行测算以得到支撑，从其集聚效应来看，各园区要素集聚方面发展相对协调、产业链集聚上存在差距、功能集聚中差距较大、带动效果上呈现出两极化发展；三是对集聚效应产生最显著的制约因素是功能集聚效应，其次为产业链集聚和带动集聚，再次为要素集聚。因此，北京现代农业产业园需要在产业链条、经营主体、科技化和品牌化发展中有所突破。基于北京区域特殊性，推动产业链向上下游延伸、培育扶持园内经营主体、推动品牌建设和科技创新是当前北京现代农业产业园集聚发展的关键所在。

一、北京现代农业产业园集聚研究背景

近年来，我国高度重视乡村产业振兴。2016 年 12 月，中央农业工作座谈会明确提出建设现代农业产业园具有重大意义。此后的“中央 1 号文件”及“乡村振兴战略规划”等文件中都明确提出要大力建设现代农业园区、助力农村现代化建设和民族复兴等重要内容。2020 年中央 1 号文件指出，在形成完整的农村全产业链条的同时，完善土地再分配机制，建立具备强大竞争力的农村产业集群区域。因此，充分发挥现代农业产业园集聚效应不仅可以推进农业农村现代化建设，还可以带动农民持续增收。与此同时，2021 年北京市政府印发了《北京市“十四五”时期乡村振兴战略实施规划》，提出要推进农业结构调整，推动新“三品一标”建设实施，全面提高农业规模化、科技化、组织化水平。由于北京的农产品方面具有需求量大且市场更新速度快等特点，所以在过去几年，北京在“调转节”的基础上不断夯实主导产业发展，以点带面的带动区域综合发展，逐步探索形成一批北京现代农业产业园。但在土地资源有限等约束下难以实现自身价值，因此发挥集聚效应是北京现代农业产业园的发展需要。本书的研究背景如下。

首先，发挥北京现代农业产业园集聚效应可以促进农业产业结构优化。北京市在十四五规划的指导下，将持续推进农业结构调整，转变农业生产方式。北京现代农业产业园需要通过专业化的分工与合作，促进农业价值链的优化和增加，扩大集聚功能，提高农业产业化水平，加速农业相关行业的发展，提高农产品的质量和区域公共品牌的创新，并为农业结构的最佳发展提供新的途径。

其次，发挥北京现代农业产业园集聚效应可以加快高端精品农业发展。为满足市场需要，北京需要打造符合农产品供需市场的精品农业。借助集聚效应的发挥，北京现代农业产业园可以运用精细化生产、品牌化推广、科技化应用的集聚手段，以适应消费者对高端农产品的消费需求，将农业产业做精做细，使主导产业具备市场竞争力和价格优势。当今市场经济条件下，发挥北京现代农业产业园的集聚效应是提高农业效益、带动农民致富的必由之路，也是进一步丰富北京市民高层次需求的题中应有之义。

再次，充分发挥北京现代农业产业园聚集效应是促进农村信息化发展的必然要求。在乡村产业振兴的政策背景下，积极培养农村龙头企业、合作社等新型农业经营主体将有助于推进北京的农业现代化进程。由于北京的农业现代化规划必须以北京城市居民消费人群的多元化、个性化、高端化需要为指导，因此北京现代农业产业园要借助自身优势不断强化集聚效应，有效利用和拓展农业与农村的开发空间，进一步提升农产品条件，推进先进技术应用普及，鼓励农业规模化、专业化、集约化和标准化生产，并吸引新型农业经营主体集中在园区，进一步发挥农业聚集作用，提高产业园整体效益和农业现代化发展水平。

最后，北京现代农业产业园发挥集聚效应也是加快科技创新载体建设的需要。科技创新是北京的重要城市功能定位，因此都市型现代农业集聚发展离不开科技创新的支撑。北京在都市型现代农业发展进程中不断探索农业科技创新模式，进一步完善农业现代化体系。通过集聚科技人才、科研机构、社会资本等多样科技创新要素，促进北京现代农业产业园内的农业经营主体经过专业化分工与紧密协作逐渐发挥集聚效应。

自 2017 年以来，由北京市农业农村局牵头，联合北京市财政局等相关管理机构，大力支持北京的农业产业园申报创建工作，并于 2019 年印发《北京市级现代农业产业园创建管理办法（试行）》，安排支持财政资金用于各产业园创建。在政府部门高度重视及大力支持的推进下，北京现代农业产业园围绕农业主导产业积极集聚优势，汇集科技、生产、销售等资源要素。截至2020年，北京市已形成10家现代农业产业园，当前北京现代农业产业园是否已经形成集聚效应，具体表现在哪些方面，有哪些重要影响因素，下一步如何推进和提升？在这些问题导向下，本书以北京现代农业产业园为研究对象，对其集聚效应进行研究，具有与时俱进的重大意义。

二、北京现代农业产业园产业集聚现状

北京现代农业产业园不断吸引相关优势资源向园区靠拢，发挥主导产业优势，强化产业园功能，使产业园集聚效应逐渐显现，为农业农村现代化奠定基础。近年来，各产业园加快探索，持续发挥产业园在要素整合、产业融合、农户带动、科技驱动、辐射示范等方面的功能作用，为农业农村经济持续健康发展注入新动能、新活力。北京现代农业产业园发展现状主要有以下几点。

（一）地理布局

北京现代农业产业园在建设过程中不断优化地理布局，区位条件良好。北京市不断推进北京现代农业产业园协调发展，发挥产业园在技术、产业、资金等方面的集成作用，强化首都核心功能、统筹区域发展。截至2020年，北京市共申报创建了10家现代农业产业园，覆盖房山、通州、大兴、平谷、密云5个区17个镇，既包括城六区以外的平原地区，又涉及生态涵养区，发挥着承接首都消费需求、辐射京津冀的集聚作用。从园区地理位置分布情况来看，各现代农业产业园主要集中在北京市东部和南部，在农产品物流运输等环节上具备交通便利的优势。因此，园区在协调北京都市型现代农业布局的基础上不断优化，充分向外辐射，形成地理优势，整体区位条件良好。

例如大兴区长子营镇现代农业产业园地处五个新城的战略腹地，以服务和保障北京大兴国际机场为空间定位，把握空间优势推动区域间互联互通，建设标准高、品质优、集聚效应突出的航食产业园。便利的交通条件使长子营镇现代农业产业园具备科技研发和

物流运输优势，该园农业物联网等信息技术应用比例高，科研经费投入持续增长，农业技术推广服务面积占比高，体现了产业园空间分布在集聚效应中的重要意义。

（二）资源要素

通过整合要素资源，现代农业产业园不断集聚建设园区。基础要素与政策保障始终是发挥现代农业产业园集聚效应的坚实基础。在实施乡村振兴战略背景下，北京以现代农业产业园为主要抓手，在园区自身发展基础上不断出台支持政策，并根据北京市自身农业发展水平及特色，从基础装备、资金使用等方面积极推动和加快现代农业产业园建设，从而推进北京农业提质增效和转型升级。自创建以来，产业园不断健全组织管理机制，调动多企业、多主体建设产业园的积极性，有效推进组织管理工作，成为产业园发挥集聚效应的保障，促进产业园可持续发展。

例如密云国家现代农业产业园在市、区、乡镇政府对产业园建设的大力支持下，整合基础资源，统筹财政专项、基本建设投资等资金用于产业园建设，因地制宜制定有利于产业园发展的政策措施，推动园区形成蜕变，成为北京市现代农业产业园的增长极。该园区通过整合财政资金用于基础投资，不断加强自身建设、吸引社会资本投入，2020 年财政投入与产业园总产值比值达到 11%，金融社会资本与财政投入比值达到 5%，实现由政策财政资金撬动社会资本注入的集聚效应。

（三）主导产业

通过发展主导产业，现代农业产业园不断完善产业链条。发挥集聚效应需要以主导产业为中心，构建良好的现代农业产业体系。北京市持续加大现代农业产业园的创建力度，不断做大做强主导产业，加强产业集聚程度。现代农业产业园以农业为主导产业、农村发展为优先、农民地位为主体，确保多业态与农业的深度融合，加快发挥集聚效应。从产业布局来看，各产业园在自身镇域特色优势产业基础上，打造产业链条。通过主导产业的融合发展，逐渐形成向农产品加工业、服务业延伸的一、二、三产业融合示范平台，围绕蔬菜、果品、种业、畜禽养殖等主导产业提升集聚水平，加快建设生产基地，发展农产品加工产业，推动融合发展。截至2020年，北京共有10家现代农业产业园，包括房山区、密云区、平谷区、房山区窦店镇、大石窝镇，大兴区庞各庄镇、长子营镇，通州区西集镇、于家务乡及平谷区峪口镇现代农业产业园。10家现代农业产业园覆盖全市5个区17个（乡）镇，占地面积12.27万公顷，形成功能蔬菜、畜禽种业、肉牛等12个主导产业（表6-1）。10家现代农业产业园总产值达148.39亿元，主导产业总产值达到110.02亿元，主导产业占产业园总产值的比重平均为69.68%，主导产业适度规模经营比例平均值达到56.08%。现代农业产业园已经成为业态合理、效益显著的产业集聚示范区。

表6-1 北京现代农业产业园发展概况

序号	产业园名称	主导产业	创建时间
1	房山区国家现代农业产业园	功能蔬菜	2017年
2	密云区国家现代农业产业园	蔬菜、果品	2019年
3	平谷区国家现代农业产业园	蛋鸡、奶牛种业	2020年
4	房山区窦店镇现代农业产业园	肉牛、蔬菜	2017年
5	大兴区庞各庄镇现代农业产业园	西瓜	2017年
6	大兴区长子营镇现代农业产业园	航食产业	2017年
7	平谷区峪口镇现代农业产业园	禽业、大桃	2018年
8	房山区大石窝镇现代农业产业园	蔬菜	2018年
9	通州区西集镇现代农业产业园	樱桃	2018年
10	通州区于家务乡现代农业产业园	现代种业、蔬菜	2018年

例如房山区窦店镇现代农业产业园的蔬菜、肉牛主导产业特色明显，种养循环紧密。通过三年的现代农业产业园创建，主导产业规模进一步提升，形成特色主导产业规模化、标准化、集约化发展格局。

该园区以“生产+加工+科技”为发展要求，依托国家农业产业化龙头企业和以蔬菜加工为主的产业化联合体，不断完善主导产业链条，拓宽农产品附加值。2020 年，该产业园主导产业产值达到 8.4 亿元，土地产出率 27.31 万元/公顷，劳动生产率 10.53 万元/人，农产品初加工转化率达到 71.79%，成为产业链条完整、主导产业集聚的产业园。

（四）功能作用

绿色发展、科技应用和规模建设是现代农业产业园集聚效应发挥的必要功能。首先，绿色发展是现代农业产业园集聚的原则。现代农业产业园的建设注重农业生产与资源环境协调发展，通过全面推行和实施“一控两减三基本”，持续改善农业生态环境，为集聚效应进一步发挥奠定了良好基础。其次，产业集聚是技术溢出和科技创新的必然条件，可以加快新企业的衍生速度，凝聚企业的群体协同效应，使产业园产品鲜明有特色、产业辐射范围广、市场竞争能力强。依托北京市科技资源，现代农业产业园通过与科研机构、高等院校建立合作关系，引入高端技术及科技人才，提高创新能力及科技转化能力，发挥科技创新集聚作用。再次，规模建设是集聚效应发挥的应有之义。各产业园不断完善土地、道路、节水、用电等基础设施建设，改善生产条件，提升设施装备水平，建设适应北京都市农业需求的特色农业。2020 年，各现代农业产业园通过加大节水节能设施的普及，平均节水灌溉面积比重达到 90.41%，高标准农田占比达到 65.26%，产业园专业技术人员数量达 1 200 人左右，不断培育职业农民、吸引专业人才队伍（图 6-1）。通过发挥集聚功能，使现代农业产业园成为都市农业区域领先的“排头兵”，为集聚发展提供技术支撑、创造科技吸引力。

例如大兴区长子营镇现代农业产业园坚持以生态为本，拓展农业生产循环系统，建立农林废弃物循环利用中心，使园内 4 万余亩耕地、近万亩设施农业、8 000 余亩果林的农林废弃物实现统一处理，并承担全镇秸秆、瓜秧、尾菜等的机械化处理任务。同时，在此基础上，该园区推广全域覆盖的资源化利用模式，为发挥集聚效

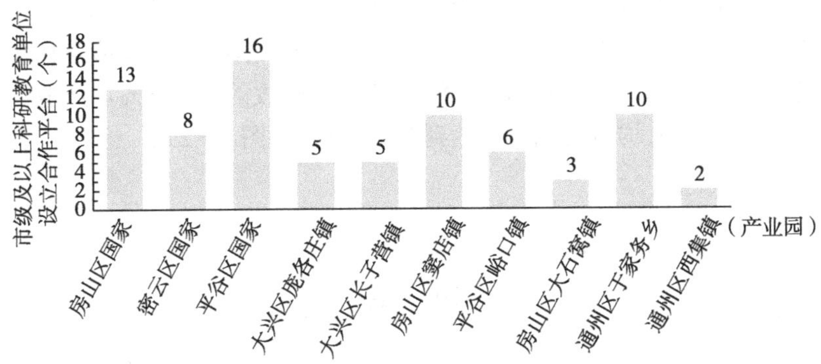

图 6-1 2020 年北京现代农业产业园市级及以上科研教育单位设立合作平台情况

应奠定生态基础和绿色发展技术支撑。再如，平谷区峪口镇现代农业产业园依托平谷区农业科技创新区建设，整合资源要素，突出科技发展，着力打造农业自主创新战略高地。该产业园通过搭建各类研发机构、测试检测中心机构等科研公共服务中心，共设立市级及以上科研教育单位合作平台 6 家，吸引专业技术人员共计 17 人，促进国际先进技术、原创技术的对接与转化。此外，该园区通过推广线上线下一体化智慧蛋鸡产业发展，吸引并集聚了众多新型农业经营主体加入产业园，建立线上线下一体化智慧服务平台，将龙头企业、流动蛋鸡超市和养殖场、养殖户紧密联结起来，开展蛋鸡产业化经营，促进产业增效增值、农民增产增收。借助科技创新之力，平谷区峪口镇现代农业产业园形成集聚蜕变，不断培育并吸引经营主体，协同合作发挥集聚效应，实现技术创新并带动园区及周边农户就业增收的发展目标。

（五）产业带动

推动农民增收是建设现代农业产业园发挥集聚效应的现实需要，也是产业园集聚建设的目标。通过现代农业产业园这一平台推动优势特色产业中的加工流通环节通向乡村，带动农产品附加值留在乡村，发挥集聚效应的同时扩大农村就业、拓宽农民收入渠道，让农民积极参与产业园的建设，并合理分享二、三产业利润且从中受益。2020 年，现代农业产业园与企业、合作社建立订单合作关系的农户达到 6.92 万户，占产业园总农户数的 37.53%，产业园内平均农民人均可支配收入达到 2.94 万元（图 6－2）。

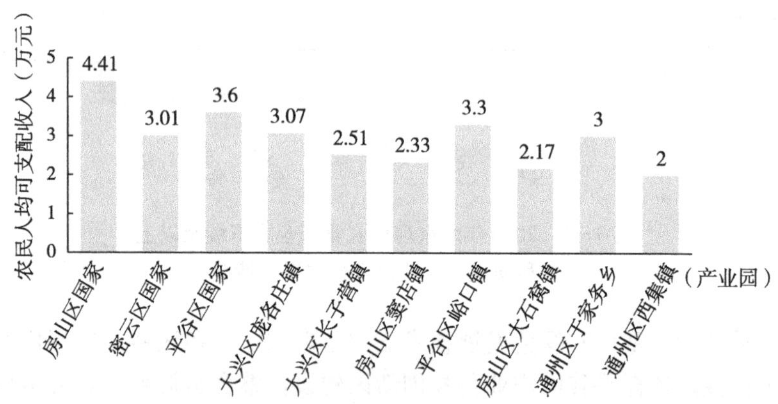

图 6－2　2020 年北京现代农业产业园园内农民人均可支配收入情况

例如平谷区现代农业产业园通过整合区域优势，探索促进一、二、三产业融合，形成了多种利益联结机制。此外，该园与研究院所等多家单位建立合作，打造数字化管理平台，利用农业物联网等现代化信息技术，使园区集聚水平有了明显提升。仅创建一年，该产业园总产值已达到 23.25 亿元，主导产业由蛋鸡和奶牛种业构成，主导产业产值占其总产值的 86%。同时，随着农业企业、合作社等生产经营主体地不断增多，该园区与合作社或龙头企业建立利益联结机制的农户比重达到 24%，农民人均可支配收入高于所在县平均水平 25%。

三、北京现代农业产业园集聚度分析

基于实际调研可知北京现代农业产业园已经发挥集聚效应，在地理分布、资源要素、主导产业、功能作用和产业带动这 5 个方面显现出集聚效应。为从定量方面准确反映现代农业产业园是否发挥着集聚效应，本章采用区位商法和产业集中度法对产业园主导产业集聚度进行测算，分析集聚度可以为集聚效应分析提供前提和支撑，是从整体上把握产业园集聚效应测算的基础。

（一）北京现代农业产业园集聚度测算方法与数据来源

1. 测算方法

（1）区位商。区位商（LQ）通常用来考察在特定地理空间内各行业的相对集中程度，现在主要被用于衡量特定空间内产业的专业化程度。

运用区位商法对产业园主导产业的集聚效应水平进行测算，可以准确把握其产业集聚度和状况，并为集聚效应的分析提供现状前提和依据。计算公式为：

$$LQ=(E_{ij}/E_i)/(E_{kj}/E_k) \tag{6-1}$$

具体来看，产业园总体的区位商是总体的主导产业之和与产业园年总产值（含农业及农业相关产业产值）的比值与北京市现代农业产业园主导产业对应的产业产值和北京市农业总产值的比值之比；某家现代农业产业园区位商是某家产业园主导产业产值与其年总产值的比值与总体的主导产业之和与其农业总产值的比值之比。公式如下：

$$LQ_{ij}=\frac{L_{ij}/\sum_{j=1}^{m}L_{ij}}{\sum_{i=1}^{n}L_{ij}/\sum_{i=1}^{n}\sum_{j=1}^{m}L_{ij}} \tag{6-2}$$

式中，i 为第 i 各产业园（$i=1$，2，3，…，10）；j 为第 j 个主导产业；L_{ij} 为第 i 个产业园第 j 个主导产业的总产值；LQ_{ij} 为第 i 个产业园第 j 个主导产业的区位商。区位商代表了该主导产业在产业园内的集聚程度，以 1 为标准进行衡量。如果 $LQ<1$，说明第 i 家产业园 j 主导产业在 10 家产业园中集聚度不高，比较优势不明显，没有形成集聚效应；如果 $LQ>1$，则说明第 i 家产业园 j 主导产业在 10 家产业园中集聚程度较高，具有比较优势，集聚效应在该园已经形成；如果 $LQ=1$，则说明第 i 家产业园 j 主导产业的专业化、规模化程度已经与产业园整体的水平相当，形成集聚效应，但无明显优势。

(2) 产业集中度。产业集中度（CR）是指某行业的相关市场内前 N 家最大的企业所占市场份额的总和，用来衡量企业的数目和相对规模的差异，是对整个行业的市场结构集中度的重要测量指标。

具体来看，产业园的行业集中度是指产业园中排在前 N 家的产业园的年总产值所占产业园总产值的份额。公式如下：

$$CR_n = \frac{\sum (X_i)n}{\sum (X_i)N} \quad N>n \tag{6-3}$$

式中，CR_n 代表产业园年总产值前 n 产业园的行业集中度；X_i 代表第 i 家产业园的年总产值；n 代表规模最大的前 n 家产业园；N 代表北京市产业园总数。例如，CR_4 是指四个年总产值最大的产业园占有产业园整体产值的份额。

2. 数据来源

本章数据来源于问卷调研。2021 年 3—10 月，采用问卷调研及访谈的方式调查了 10 家现代农业产业园的数据和发展现状。通过对房山、密云、大兴等 5 个区的 10 家现代农业产业园、园内企业和合作社进行走访，发放问卷 87 份，回收有效问卷 81 份，有效率为 93.1%。

（二）北京现代农业产业园集聚度测算

1. 北京现代农业产业园区位商指数评价

为准确反映北京 10 家现代农业产业园产业集聚程度，本节采用区位商法对北京市 10 家产业园内主导产业的集聚程度进行测算，选取 2017—2020 年现代农业产业园的主导产业产值、年总产值以及北京市相应产业产值和北京市农业总产值四个指标，通过测算产业园主导产业总产值和产业园年总产值的比值在北京市相对应产业总产值和北京市农业总产值之比中所占比重来确定集聚程度。具体结果见表 6-2。

表 6-2 2017—2020 年北京现代农业产业园区位商指数

年份	现代农业产业园主导产业总产值（亿元）	现代农业产业园年总产值（亿元）	比值	北京市相对应主导产业产值（亿元）	北京市农业总产值（亿元）	比值	区位商	较上一年增长率（%）
2017	39.25	67.67	0.58	160.71	321.02	0.50	1.16	—
2018	81.39	131.28	0.62	137.13	309.2	0.44	1.39	19.83
2019	96.60	134.40	0.72	137.78	296.79	0.46	1.55	11.51
2020	124.44	165.16	0.75	137.46	275.57	0.50	1.50	−3.23

根据表 6-2 测算结果来看，自 2017 年产业园创建以来，通过要素整合和主导产业的集中发展，现代农业产业园已经在北京地区形成集聚现象，且呈现出逐年递增的集聚趋势。其中，2017 年产业园整体的区位商为 1.16，2019 年区位商为 1.55，增长效果显著，这与现代农业产业园创建过程中主导产业不断优化、功能不断拓展密不可分，使现代农业产业园成为北京地区都市农业的主要抓手。

2. 北京各现代农业产业园区位商指数评价

为了对各家产业园的集聚发展程度深入了解，本节对 2017—2020 年北京市创建的 10 家现代农业产业园的集聚程度进行测算。根据区位商公式，计算各家产业园主导产业和年总产值之比与产业园总体主导产业总产值和年总产值之比的比重及确定排名，得到 2017—2020 年产业园区位商平均值，以此综合来看各家产业园主导产业集聚程度。如前文所述各产业园名称均由字母 A、B、C、D、E、F、G、H、I、J 替代。其中密云区和平谷区现代农业产业园由于创建时间不足三年，仅用已有数据计算其区位商指数，测算结果如表 6-3 所示。

表 6-3 2017—2020 年北京 10 家现代农业产业园区位商指数

现代农业产业园	2017 年	排名	2018 年	排名	2019 年	排名	2020 年	排名	平均值	排名
I	—	—	1.32	2	1.52	2	1.13	2	1.32	1
A	1.11	3	1.17	4	1.33	3	0.95	6	1.14	2
E	0.78	7	0.81	5	1.54	1	1.18	1	1.08	3
F	1.39	2	1.30	3	0.92	4	0.61	10	1.06	4

（续）

现代农业产业园	2017年	排名	2018年	排名	2019年	排名	2020年	排名	平均值	排名
D	1.49	1	1.40	1	0.64	10	0.65	8	1.05	5
J	—	—	—	—	0.89	6	1.12	3	1.01	6
H	0.93	4	0.81	5	0.84	7	1.04	5	0.91	7
C	0.83	6	0.81	5	0.75	8	1.04	4	0.86	8
B	0.86	5	0.81	5	0.92	4	0.84	7	0.86	8
G	0.60	8	0.57	9	0.63	9	0.65	9	0.61	10

根据表 6-3 可以看出，2020 年 10 家现代农业产业园中，有 5 家产业园的主导产业集聚水平达到产业园整体的集聚水平，分别是 E、I、C、J 和 H 现代农业产业园，其区位商均大于 1；有 2 家接近整体集聚水平，分别是 A 和 B 现代农业产业园，其区位商均接近 1；有 3 家距离整体集聚水平有一定距离，分别是 D、G 和 F 现代农业产业园，其区位商均小于 1。

由图 6-3 可知，从 2017—2020 年产业园动态发展来看，有 6 家产业园的区位商平均值高于 1，说明其四年来主导产业发展达到集聚水平，6 家园区分别是 I、A、E、F、D 和 J 现代农业产业园。其中，2017 年、2019 年达到集聚状态的产业园有 3 家，2018 年达到集聚状态的有 4 家，2020 年达到集聚状态的有 5 家，说明产业园主导产业集聚发展的趋势是稳定且是整体协同推进的。但部分园区集聚现象不显著，如 H、C、B 和 G 现代农业产业园，说明其主导产业在产业园年总产值中不占优势，且在 10 家产业园中不具备比较优势，集聚效应不明显。

3. 北京市现代农业产业园年总产值产业集中度指数评价

为精确现代农业产业园中部分园区在整体中的集中程度，用产业集中度法来衡量产业园在年总产值方面的相对规模差异，选取 2017—2020 年产业园年总产值排名前一、二、四的产业园进行集聚度测算。其中，CR_1 表示产业园年总产值最高的一家园区占园区年总产值之和的比值；CR_2 表示产业园年总产值最高的两家园区占园区年总产值之和的比值；CR_4 表示产业园年总产值最高的四家园区占园区年总产值之和的比值，以此确定产业园在该领域内的相对优势（表 6－4）。

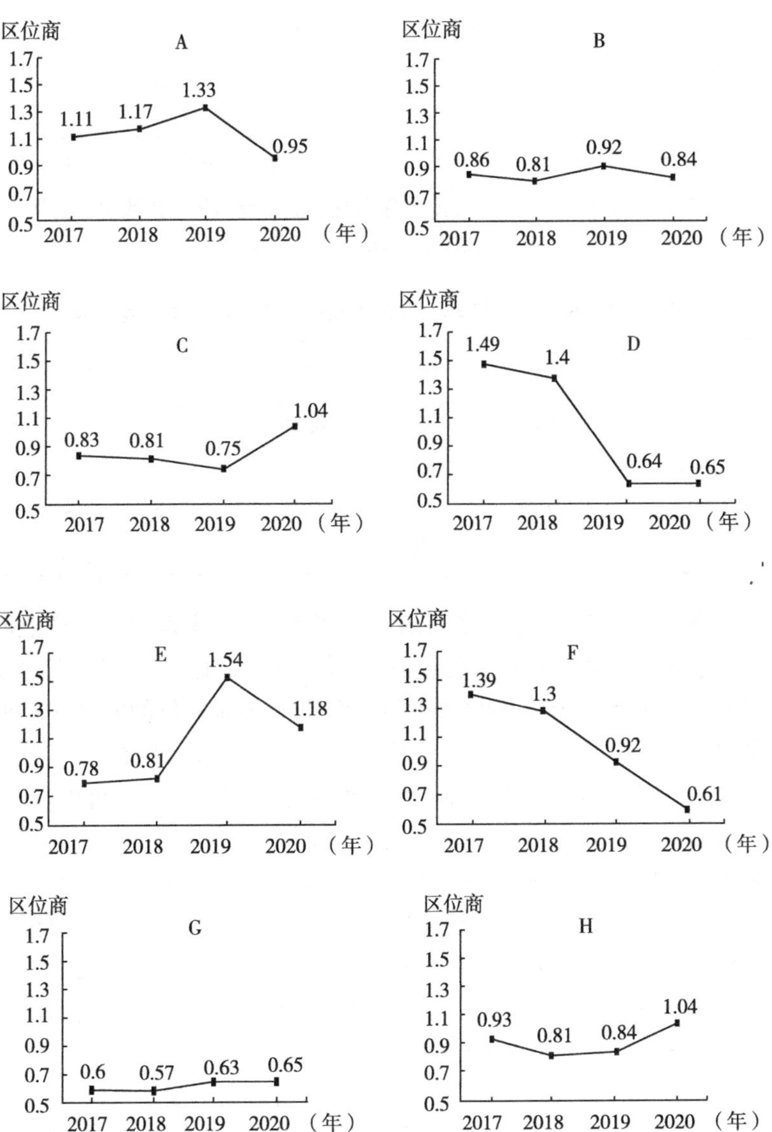

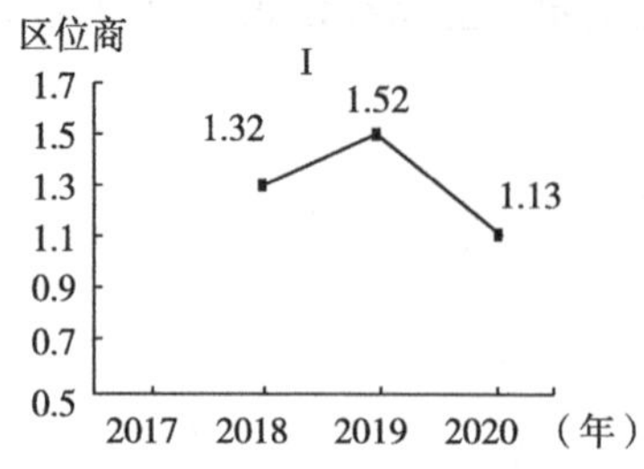

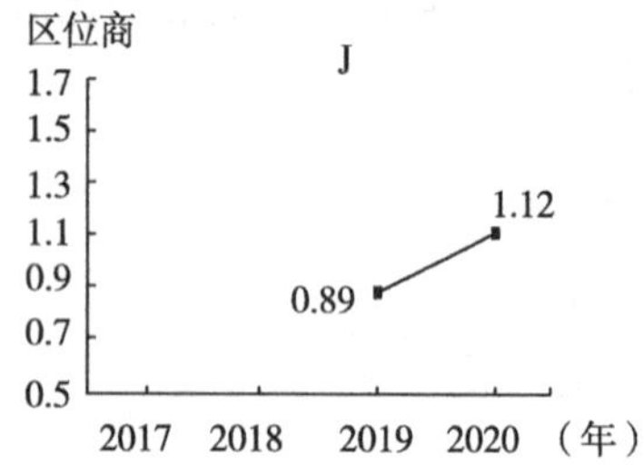

图 6-3　2017—2020 年北京 10 家现代农业产业园区位指数动态变化

数据来源：根据公式计算得出。

表 6-4　2017—2020 年北京现代农业产业园产业集中度指数

年份	CR_1	CR_2	CR_4	产业园名称
2017	0.28	0.45	0.72	A、E、G、B
2018	0.19	0.44	0.71	I、A、E、G
2019	0.31	0.50	0.74	A、I、J、E
2020	0.22	0.43	0.67	I、A、J、E

根据产业集中度测算结果来看，北京市 10 家现代农业产业园在北京市西部集聚，且集聚优势主要体现在房山区、平谷区部分园区。具体来看，2017—2020 年年总产值排名前一位的园区占产业园整体的 19%～31%，排名前两位的园区占产业园整体的 43%～50%，排名前四位的园区占产业园整体的 67%～74%。可以发现，排名前四位的园区总产值占 10 家产业园总产值超过一半，且多年来较为稳定，说明整体集聚增长极的趋势已经初步形成。从具体园区来看，A、I 现代农业产业园在整体中占据明显优势，两家园区分别在 2018 年、2019 年和 2020 年位居前二，且占据的份额相对稳定。另外，F 现代农业产业园在年总产值上也占据一定优势，其在 2017—2020 年中均排在前四名。

2017—2020 年中，2019 年产业园的行业集中度结果最为显著，CR_1、CR_2 和 CR_4 分别为四年来最大值，说明 2019 年 10 家现代农业产业园的年总产值在 A、I、J 和 E 这四家产业园中形成集聚状态。较 2019 年来看，2020 年这四家集聚优势变小，一方面在于他们的年总产值有所降低，2019 年为 115.97 亿元，2020 年为 109.32 亿元，另一方面在于 10 家现代农业产业园的年总产值之和有所上升，2019 年为 156 亿元，2020 年为 164 亿元。

（三）主要结论

1. 集中趋势突出，增长极初步形成

根据总产值集中度测算结果来看，2017—2020 年产业园年总产值排名前一位的园区占到整体产业园年总产值的 19%～31%，排名前两位的园区占整体产业园年总产值的 43%～50%，排名前四位的园区占整体产业园年总产值的 67%～74%。可以发现，排名前四位的园区总产值占整体产业园总产值的一半以上；房山区和密云区两家产业园在整体中占据明显优势，且占据的份额相对稳定；平谷区峪口镇现代农业产业园在年总产值上也占据一定优势，其在 2017—2020 年中均排在前四名。总之，产业园整体已初步形成集聚增长极，且已具备较为明显的比较优势，对农业相关行业的吸引能力逐步增强，为引领北京都市型现代农业发展提供了有力的支撑和示范。

2. 集聚现象显著，空间布局协调

产业集聚可以通过增长极和外溢效应推动集聚效应正向发挥，集聚效应在合理的布局下可以进一步促进北京都市型现代农业产业结构优化和升级。产业园的区位商指数呈现出明显集聚效果，且现代农业产业园中已经形成以房山区、密云区、平谷区峪口镇等为核心的多个集聚增长极。从集聚分布情况来看，现代农业产业园逐步形成以点带面、以面带片的发展格局。通过产业园内各经营主体的良性竞争，强化竞争与合作关系，建立完善的利益联结机制，融合多种业态和相关产业，使得产业园内相互支撑、互助互利的紧密关系进一步加深。在集聚效果较好的产业园带动下，周边地区农业发展及其他产业园集聚效应进一步发挥，使得产业园主导产业进一步形成专业分工和良性竞争，促进都市型现代农业的空间布局协调发展。

四、北京现代农业产业园集聚效应及影响因素分析

基于前述对现代农业产业园集聚度的测算，得到产业园现在已经发挥着集聚效应，在此基础上，需要对产业园的集聚效应具体分析。同第五章、本部分对 8 家现代农业产业园进行集聚效应分析，结合钻石模型、增长极理论和产业链理论等，提出了一个产业园集聚效应及影响因素的分析框架。此外，为保证研究结果的公正性和保密性，本部分现代农业产业园名称均由字母 A、B、C、D、E、F、G、H 代替。

（一）集聚效应评价原则与方法选择

1. 评价原则

对集聚效应进行分析既需要定量分析，也需要定性分析，以全面、客观、公正地反映集聚效应水平及其影响因素。指标体系是评价的依据，只有应用统一的方法和标准才能对集聚效应作出正确的评估。在产业园集聚效应评价指标体系的设置中，需要坚持以下原则。

一是目的与实质性原则。该指标体系的建立需要符合集聚效应评价研究的目的，所选取的指标能够科学客观地评价产业园集聚效应水平，体现出其集聚效应的优劣及在激烈的市场竞争中个别园区所处的地位与实力，由此探索发挥产业园集聚效应的方法。

二是层次与系统性原则。因为集聚效应取得的原因与表现方面众多，只有将二者协调统一来看才能达到对集聚效应进行评价的目的。

三是规范与可比性原则。以定量指标为主，选择客观性的指标，指标体系所选用的指标应适应于不同的产业集聚，且指标口径保持一致，保证评价的结果客观、合理。

四是简明与操作性原则。该指标体系需要能明确反映评价目标与评价指标之间的关系，指标体系的大小要适宜，指标体系的选用需要有可靠的数据来源，或者可以进行实际的计算和评价。

2. 方法选择

本研究采用熵权 TOPSIS 法对产业园集聚效应进行评价，运用该方法客观性较强，受人为因素影响较小，可以建立最优评价单元，确定当前集聚效应和理想状态之间的差距，以便有针对性地作出提升。主要原理是先用熵权法确定指标权重，再根据加权 TOPSIS 法在确定正理想解和负理想解，接着通过各指标与负理想解、正理想解的相对距离来排序，确定相对优劣。

此外，采用的影响因素研究方法是建立在对集聚效应的评估基础上，对集聚效应的优化结果进一步分析。对各指标运用障碍度模型识别出产业园集聚效应的主要障碍因素，从而优化集聚效应。因此，本研究引入障碍度模型对产业园集聚效应的影响因素进行障碍度分析，具体公式如下：

$$O_i = \frac{W_i P_i}{\sum_{i=1}^{n} W_i P_i}, \ P = |X_i - D_n| \tag{6-4}$$

式中，W_i 代表第 i 个指标的权重，X_i 代表第 i 个指标的标准化后数值，P_i 代表第 i 个指标标准化后的值与正理想解的绝对差距值，O_i 代表第 i 个指标对集聚效应的障碍度，O_i 数值越大，该指标对产业园集聚效应进一步发挥的阻碍越大。

（二）集聚效应评价指标选取及数据来源

1. 指标确定

(1) 指标体系构建。依据构建评价指标体系的科学性、可操作性、可量化性以及体现区域特色等原则，参照现有文献研究，本书结合产业集聚理论、规模经济理论和产业区位理论等相关理论基础，以及产业园集聚效应实际情况，从要素集聚效应、产业链集聚效应、功能集聚效应和带动集聚效应四个方面构建产业园集聚效应评价指标体系。该指标体系具有 3 个层次，具体包括 4 个一级指标，9个二级指标，24个三级指标，如表6-5所示。

表6-5 北京现代农业产业园集聚效应评价指标体系

一级指标	二级指标	三级指标	指标计算公式	单位
要素集聚效应	基础要素	园区农户总数（X_1）	该园区农户总数	人
		耕地面积（X_2）	该园区耕地面积	公顷
	政策支持	财政资金使用进度（X_3）	财政资金使用进度	/
		政策支持数量（X_4）	该园区所在区出台相关支持政策数量	个
产业链集聚效应	融合水平	农产品加工业产值占比（X_5）	农产品加工业产值与农业总产值比	%
		休闲农业收入占比（X_6）	休闲农业收入与农业总产值比	%
	专业水平	主导产业产值占比（X_7）	该园区主导产业产值占其产业园总产值比重	%
		主导产业覆盖率（X_8）	该园区主导产业总面积与其耕地总面积比值（养殖业为主导产业总产量与产业园总产量比重）	%
		土地产出率（X_9）	该园区农业总产值与其耕地面积比值	%
		劳动生产率（X_{10}）	该园区农业总产值与第一产业从业人员数量比值	%
功能集聚效应	绿色发展	农作物化肥利用率（X_{11}）	农作物吸收施入土壤肥料的有效养分与所施肥料有效养分的比值	%
		绿色、有机、地理标志、良好农业规范、生态原产地等农产品认证面积占比（X_{12}）	该园区绿色、有机、地理标志、良好农业规范、生态原产地等农产品认证面积与总种植面积的比值	%
		农产品质量安全可追溯占比（X_{13}）	该园区能够实现农产品质量安全可追溯的企业、合作社等农业生产经营主体数量占全部生产经营主体数量的比值	%
	科技应用	主要农产品农作物综合机械化率（X_{14}）	该园区各种农作物机耕、机播、机割的综合作业水平	个

（续）

一级指标	二级指标	三级指标	指标计算公式	单位
		市级及以上科研教育合作平台占比（X_{15}）	该园区市级及以上科研教育单位设立合作平台数量与园区内科研教育合作平台总数的比值	%
		高标准农田占比（X_{16}）	该园区高标准农田与其耕地总面积的比值	%
	规模建设	园区品牌数量（X_{17}）	该园区品牌数量	/
		适度规模经营率（X_{18}）	该园区园内企业、合作社主导产业同一种植面积与园区内主导产业总种植面积比值	%
		产业园年总产值（X_{19}）	该园区年总产值	亿元
带动集聚效应	带动农户	带动农户增收比例（X_{20}）	该园区内农户年均可支配收入与所在区农民人均可支配收入比值	%
		带动农户人数占比（X_{21}）	该园区带动农户人数占其农户总数比重	%
	竞争与合作	园区内龙头企业数量（X_{22}）	该园区龙头企业数量	家
		园区内合作社数量（X_{23}）	该园区合作社数量	家
		农户加入合作社比例（X_{24}）	与合作社或龙头企业建立利益联结机制的农户比重	%

（2）指标说明。自 2017 年创建以来，产业园经历了由要素集聚，到产业链集聚，再到功能集聚，进而发生辐射带动示范效应的过程（图 6-4）。产业园集聚效应是在现代农业产业园这一区域范围内，汇集现代农业生产要素，全产业链打造优势主导产业，持续优化农业产业化生产和规模化经营，激发产业内生动力，吸引主导产业相关产业的资源优势向园区汇聚，不断推动专业化分工、业态融合、绿色发展，从而提高产业园主导产业综合效益、带动农户充分参与且受益、促进园区及周边农村地区经济发展的过程。

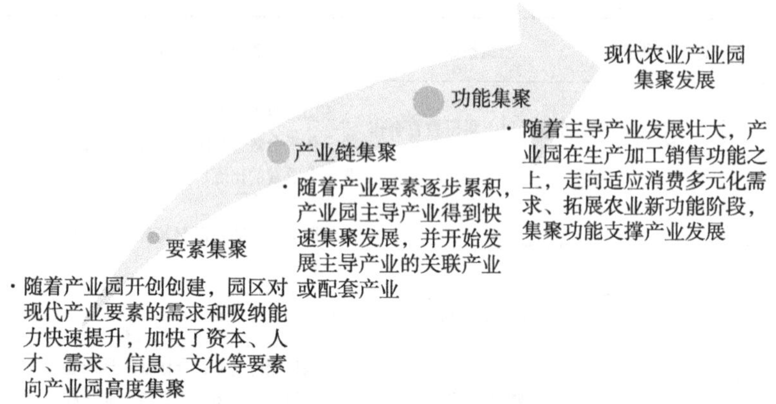

现代农业产业园
集聚发展

功能集聚

· 随着主导产业发展壮大，产业园在生产加工销售功能之上，走向适应消费多元化需求、拓展农业新功能阶段，集聚功能支撑产业发展

产业链集聚

· 随着产业要素逐步累积，产业园主导产业得到快速集聚发展，并开始发展主导产业的关联产业或配套产业

要素集聚

· 随着产业园开创创建，园区对现代产业要素的需求和吸纳能力快速提升，加快了资本、人才、需求、信息、文化等要素向产业园高度集聚

图 6-4　北京现代农业产业园集聚过程示意

要素集聚效应是随着产业园对现代产业要素集的需求和吸纳能力快速提升，加快了产业资本、人才、信息等要素向产业园汇集，是产业园发挥集聚效应的基础。因此，本书从基础要素、政策支持两方面反映要素集聚效应，选取园区农户总数、耕地面积、财政资金使用进度和政策支持数量 4 个指标进行具体衡量。

产业链集聚效应是随着产业园要素逐步累积，在农业产业化优势培育的基础上，引导生产、加工、服务等关联配套产业集聚于园区，形成主导产业发展的集聚高地，是产业园集聚的主旨内核。因此，本书从融合水平、专业水平两个方面反映产业链集聚效应，选取主导产业产值占比、主导产业覆盖率、土地产出率、劳动生产率等 6 个指标进行具体衡量。

功能集聚效应是要素集聚和产业链集聚的必然结果，是随着主导产业的发展壮大，产业园的生产功能不断完善，科学技术转化、产品交易、物流运输及品牌设计等产业功能也不断涌现，同时在休闲农业、康养农业等新业态上不断探索，形成多种功能集聚的局面，是产业园集聚的关键一环。因此，本书从绿色发展、科技应用、规模建设三个方面反映功能集聚效应，选取农作物化肥利用率、市级及以上科研教育单位设立合作平台占比、园区品牌数量、主要农产品农作物综合机械化率等 9 个指标具体衡量。

带动集聚效应是产业园充分发挥要素集聚、产业链集聚、功能集聚后形成的辐射带动和示范发展的效果，可以为产业园自身及周边地区带来一定优势，有助于本地产业化和企业家精神的培育，推动区域产业结构、技术结构和产品结构的调整。因此，本书从带动农户和竞争与合作两方面反映辐射带动集聚效应，选取带动农户增收比例、带动农户人数占比、园内龙头企业数量等 5 个指标进行具体衡量。

（3）指标体系权重确定。熵权 TOPSIS 组合模型是一种客观赋权方法。该方法中某项指标所提供的信息量越小，变异程度就越大，熵值越大，反之亦然。因此，本书通过熵权法来确定权重，结果见表 6-6。

2. 数据来源

本章数据来源于问卷调研。2021 年 3—10 月，采用问卷调研及访谈的方式，选取 8 家现代农业产业园进行集聚效应评价及影响因素分析。通过对房山、大兴、通州等 4 个区的产业园、园内企业和合作社进行走访，发放问卷 71 份，回收有效问卷 64 份，问卷有效率为 90.1%。

（三）集聚效应评价分析

1. 集聚效应综合分析

对 2017—2020 年现代农业产业园集聚效应进行评价，测算结果见表 6-7。从整体集聚趋势来看，现代农业产业园自创建以来，集聚效应综合评分呈逐年上升趋势，但上升趋势较为平缓。根据图 6-5，结合区位商指数来看，产业园在北京市已经形成集聚态势，并逐步发挥着正向的集聚效应。根据图 6-6，从各产业园发展态势来看，A 和 E 产业园呈现出显著上升趋势，且 4 年来集聚效应得分在 8 家产业园中居于前两位；B、C 和 G 3 家产业园集聚效应综合得分呈现出波动态势，说明 4 年来该园区集聚效应发挥不稳定；D、F 和 H 3 家产业园集聚效应综合得分呈现出下降态势，说明该园区在

表 6-6　北京现代农业产业园集聚效应评价指标体系及权重

一级指标	权重	二级指标	权重	三级指标	权重
要素集聚效应	0.146 1	基础要素	0.066 5	园区农户总数	0.032 7
				耕地面积	0.033 8
		政策支持	0.079 6	财政资金使用进度	0.019 0
				政策支持数量	0.060 6
产业链集聚效应	0.307 0	融合化水平	0.100 9	农产品加工业产值占比	0.046 2
				休闲农业收入占比	0.054 7
		专业化水平	0.206 1	主导产业产值占比	0.069 5
				主导产业覆盖率	0.031 7
				土地产出率	0.049 7
				劳动生产率	0.055 2
功能集聚效应	0.323 6	绿色发展	0.137 5	农作物化肥利用率	0.067 7
				绿色、有机、地理标志、良好农业规范、生态原产地等农产品认证面积占比	0.047 2
				农产品质量安全可追溯占比	0.022 6
		科技应用	0.102 3	主要农产品农作物综合机械化率	0.055 3
				市级及以上科研教育合作平台占比	0.030 6
				高标准农田占比	0.016 4
		规模建设	0.083 8	园区品牌数量	0.027 9
				适度规模经营率	0.029 4
				产业园年总产值占比	0.026 5
带动集聚效应	0.223 3	带动农户	0.083 6	带动农户增收比例	0.052 0
				带动农户人数	0.031 6
		竞争与合作	0.139 7	园区内龙头企业数量	0.031 3
				园区内合作社数量	0.068 4
				农户加入合作社比例	0.040 0

8 家产业园中相对优势不显著，集聚发展效果不佳。在 2020 年中，8 家产业园集聚效应总体显著，综合得分平均值为 52.71，其中 A、B、C 和 E 4 家产业园高于平均水平。综上，说明 2017—2020 年北京申报创建现代农业产业园已具备一定基础且有了良好的成效，部分园区已经在集聚效应上有所凸显。

表 6－7　2017—2020 年北京现代农业产业园集聚效应综合得分

产业园	2017 年	2018 年	2019 年	2020 年	平均
A	48.79	67.40	69.78	81.33	66.83
B	55.81	45.76	60.89	56.91	54.84
C	43.76	55.98	52.21	60.49	53.11
D	65.44	44.29	44.29	38.76	48.20
E	48.94	64.78	64.32	68.41	61.61
F	42.48	41.83	41.69	34.83	40.21
G	31.55	23.99	33.01	32.37	30.23
H	59.97	57.09	44.39	48.64	52.52

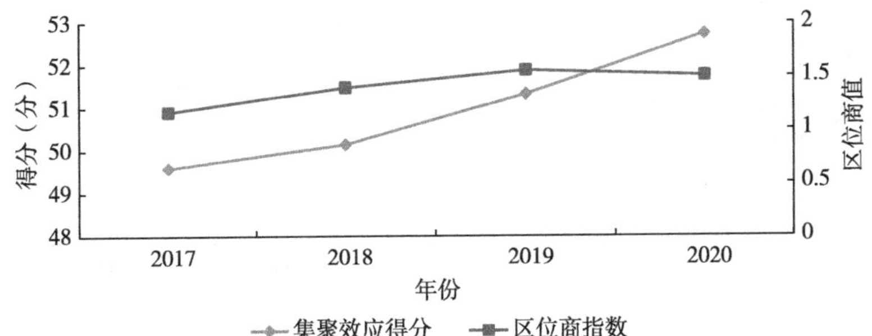

图 6－5　2017—2020 年北京现代农业产业园集聚效应得分情况与区位商发展趋势

（1）要素集聚效应相对协调。从要素集聚效应来看，8 家产业园发展较为协调，4 年间整体平均要素集聚综合得分为 8.68 分。从 2017—2020 年变动趋势来看，要素集聚效应方面得分相对稳定，且

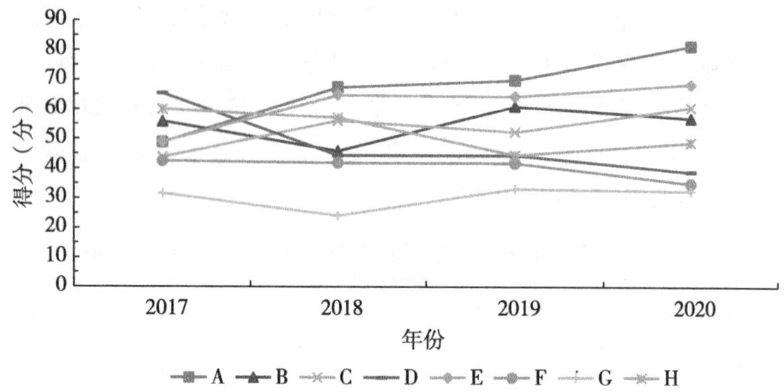

图 6-6　2017—2020 年北京现代农业产业园集聚效应综合得分变化

相对上升空间不大（图 6-7）。其中，2020 年出现波动，具体来看，C、D、G 和 H 4 家产业园在要素集聚上具有一定优势，得分均高于整体要素集聚效应的均值 9.74 分；A、B、E 和 F 四家产业园在要素集聚方面有待加强，主要是因为基础要素集聚受限，园区农户总数和耕地面积低于其他园区，但整体在政策支持方面差异不大（表 6-8）。

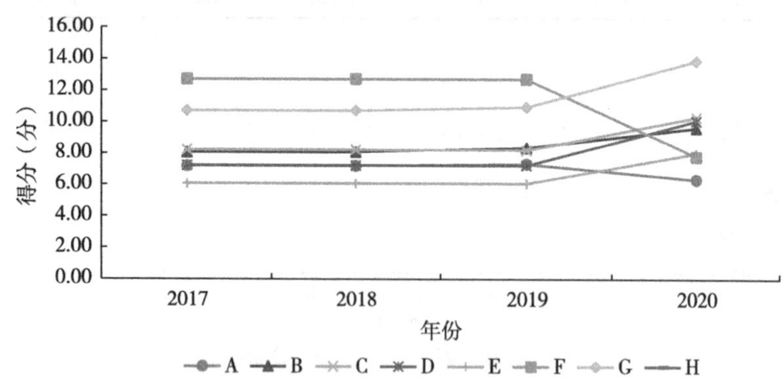

图 6-7　2017—2020 年北京现代农业产业园要素集聚得分趋势图

（2）产业链集聚效应存在差距。从产业链集聚效应来看，8 家产业园得分存在明显差异，4 年间整体平均产业链集聚效应得分为 13.94 分。从 2017—2020 年变动趋势来看，大部分园区呈现波动趋势，产业链集聚效应发挥不稳定（图 6-8）。从 2020 年集聚效应得分来看，A 和 E 两家产业园主导产业方面表现良好，得分均高于 20，产业链集聚效应有所显现；B、C、F 和 H 4 家产业园主导产业方面有待提升，主要表现在农产品加工业产值较低、土地产出率较低和劳动生产率较低等指标上；D 和 G 两家产业园在产业链集聚上表现出明显劣势，主要体现在主导产业产值占比这一指标上，这与两家园区的主导产业分别为航食蔬菜和樱桃的产业性质有关，由于主导产业的定性使得园区在进行主导产业产值核算时受到一定限制（表 6－9）。

表 6－8　2017—2020 年北京现代农业产业园要素集聚效应得分

产业园	2017 年	2018 年	2019 年	2020 年
A	6.33	6.33	6.33	6.33
B	10.49	10.71	10.93	9.62
C	8.18	8.08	8.67	10.30
D	8.09	8.23	8.19	10.07
E	12.71	12.71	12.71	7.99
F	7.14	7.18	7.30	7.79
G	7.21	7.21	7.22	13.89
H	6.06	6.06	6.06	11.93

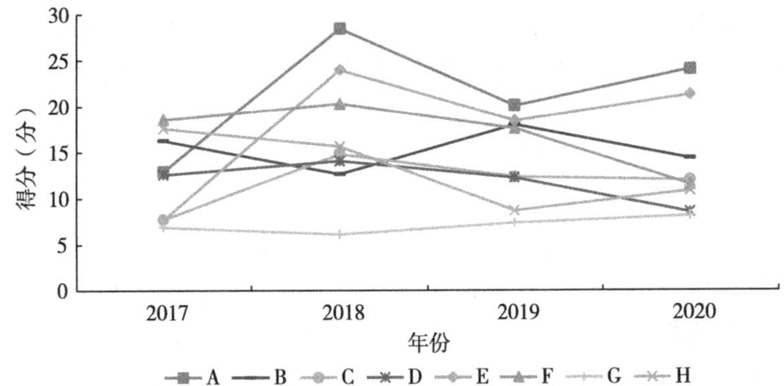

图 6－8　2017—2020 年北京现代农业产业园产业链集聚效应得分趋势

表 6-9　2017—2020 年北京现代农业产业园产业链集聚效应得分

产业园	2017 年	2018 年	2019 年	2020 年
A	12.90	28.41	20.09	24.04
B	16.26	12.64	17.97	14.34
C	7.74	14.80	12.33	11.99
D	12.57	14.04	12.24	8.56
E	7.69	23.95	18.42	21.28
F	18.55	20.28	17.60	11.53
G	6.90	6.11	7.38	8.16
H	17.57	15.63	8.68	10.85

(3) 功能集聚效应差异较大。从功能集聚效应来看，8 家产业园得分差异较大，但发展趋势较好，4 年间整体平均功能集聚效应得分为 15.12 分。从 2017—2020 年变动趋势来看，大部分园区呈现逐年上升或波动上升趋势，说明功能集聚是产业园集聚发展的主要方向（图 6-9）。从 2020 年集聚效应得分来看，A、B、C 和 E 4 家产业园高于当年平均得分，且这 4 家的综合评分排 8 家产业园中的前四名，说明 4 家产业园的功能集聚相对较好，在集聚发展过程中功能集聚发挥着重要作用；D、F、G 和 H 4 家产业园在功能集聚中存在劣势，主要体现在园区品牌数量较少，绿色、有机、地理标志、良好农业规范、生态原产地等农产品认证面积较少等指标上，其中 G 产业园功能集聚效应得分最低，还体现在该产业园农作物化肥利用率、与科研单位设计合作平台、高标准农田占比等指标上（表 6-10）。

(4) 带动集聚效应呈现极端化。从带动集聚效应来看，8 家产业园得分差异较大且出现两极分化现象，4 年间整体平均功能集聚效应得分为 11.95 分。从 2017—2020 年变动趋势来看，大部分园区呈现逐年上升或波动上升趋势（图 6-10）。从 2020 年集聚效应得分来看，带动集聚效应出现发展极端化现象。其中 A

产业园在带动集聚效应中接近满分，各项指标均为 8 家园区中最优；B、C 和 E 3 家产业园得分高于平均分，带动集聚效应效果有所显现；D、F、G 和 H 4 家产业园带动集聚效应得分低于平均分，主要原因是带动农户增收效果欠佳，尤其是 D、F、G 3 家产业园的带动集聚效应极不显著，还体现在园区内龙头企业、合作社数量较少，导致园区组织化水平偏低，带动集聚效应未能发挥（表 6－11）。

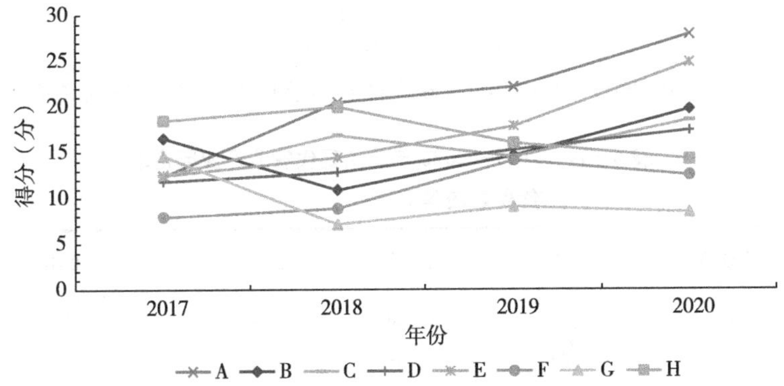

图 6－9　2017—2020 年北京现代农业产业园功能集聚效应得分趋势

表 6－10　2017—2020 年北京现代农业产业园功能集聚效应得分

产业园	2017 年	2018 年	2019 年	2020 年
A	12.37	20.43	22.07	27.84
B	16.52	10.86	14.57	19.64
C	12.49	16.81	14.50	18.47
D	11.81	12.80	15.24	17.34
E	12.49	14.40	17.81	24.80
F	7.90	8.84	14.07	12.46
G	14.56	7.09	9.03	8.42
H	18.44	19.89	15.97	14.20

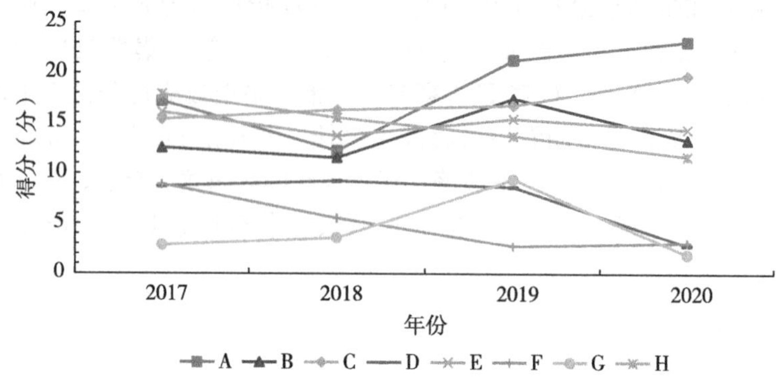

图 6-10　2017—2020 年北京现代农业产业园带动集聚效应得分趋势

表 6-11　2017—2020 年北京现代农业产业园带动集聚效应得分

产业园	2017 年	2018 年	2019 年	2020 年
A	17.19	12.23	21.29	23.12
B	12.54	11.56	17.43	13.31
C	15.35	16.30	16.71	19.72
D	8.71	9.22	8.62	2.79
E	16.05	13.72	15.39	14.35
F	8.89	5.53	2.73	3.05
G	2.87	3.58	9.39	1.90
H	17.89	15.51	13.68	11.66

总之，产业链集聚效应和功能集聚效应在综合评分中占比较大，8 家产业园在这两方面存在一定的差异，且呈现出产业链集聚发展与功能集聚发展相辅相成的效果，即产业链健全、主导产业发展良好的产业园集聚功能越完善，其绿色发展、科研能力、品牌建设、规模化经营越存在优势。此外，要素集聚受到当地土地、人力等资源制约呈现出一定差异，但政策支持及财政资金上各产业园水平相当。在带动集聚效应方面，8 家产业园呈现出两极化发展现

象，这与产业园集聚发展的其他方面建设密不可分，通过提升产业链集聚效应和功能集聚效应可以促进带动集聚效应有效发挥。

2. 集聚效应优化分析

为进一步推动现代农业产业园发挥正向集聚效应，对产业园集聚效应与最优值的贴近度进行分析可以把握集聚效应的不同方面，进而提高产业园核心竞争力。为分析各一级指标对产业园集聚效应的优化程度，在此引入相对贴近度的计算方法，具体结果见表 6-12。

从表 6-12 及图 6-11 可以看出，北京 8 家现代农业产业园集聚效应综合水平的贴近度整体呈现上升趋势，且逐年拉开距离。其中，2017 年 8 家产业园的综合水平贴近度集中在 0.3～0.5，2018 年集中在 0.3～0.62，2019 年集中在 0.35～0.65，2020 年集中在 0.3～0.7，说明 8 家产业园在创建起初的集聚效应综合水平较为均衡，经过 4 年的建设和发展，各园区的优势得到不同程度的凸显，进而影响其集聚效应的综合水平。

表 6-12　2017—2020 年北京现代农业产业园相对贴近度综合水平

产业园	2017 年	2018 年	2019 年	2020 年	平均
A	0.499	0.612	0.651	0.702	0.616
B	0.499	0.437	0.572	0.535	0.511
C	0.460	0.529	0.531	0.563	0.521
D	0.398	0.460	0.450	0.414	0.431
E	0.446	0.596	0.630	0.612	0.571
F	0.380	0.444	0.448	0.396	0.417
G	0.342	0.326	0.367	0.387	0.356
H	0.498	0.533	0.454	0.481	0.492

从 2020 年各园区对一级指标贴近程度来看（表 6-13），各园区对要素集聚效应的贴近程度在四个一级指标中相对较好，这说明要素集聚是集聚效应的基础和前提，也是集聚进程中特别需要重视的一环；对产业链集聚效应的贴近程度相对集中在 0.3～0.7，说

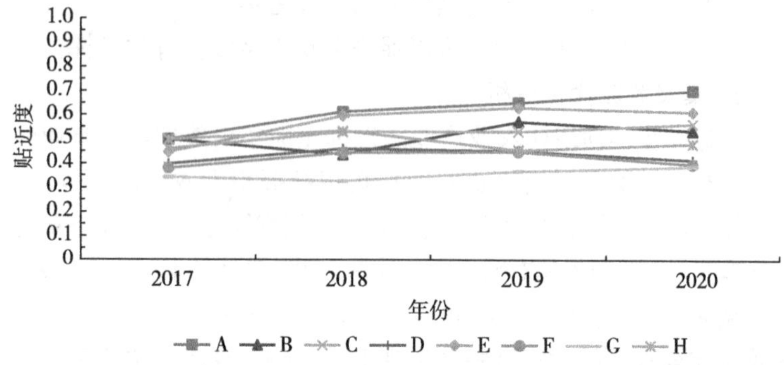

图 6-11　2017—2020 年北京现代农业产业园优化程度综合水平趋势

明进一步发挥集聚效应仍需优化产业链集聚；对功能集聚效应的贴近程度与产业链集聚贴近度相似，相对集中在 0.3～0.8，说明各园区功能集聚存在一定差距，但在集聚功能上均有一定发展，不过发展程度不同导致贴近度存在差距；带动集聚效应的贴近度在四项一级指标中最为分散，其中 A 产业园带动集聚效应达到 1，而 D 和 G 产业园的带动集聚效应贴近度低，这说明带动集聚效应是产业园各方面发展较为完善后才逐步强化的，且会随着其他方面的优化而得以提升。

表 6-13　2020 年北京现代农业产业园各一级指标相对贴近度

产业园	要素集聚效应	产业链集聚效应	功能集聚效应	带动集聚效应	综合水平	排序结果
A	0.465	0.714	0.779	1.000	0.702	1
B	0.583	0.471	0.550	0.543	0.535	4
C	0.640	0.388	0.542	0.749	0.563	3
D	0.626	0.333	0.493	0.201	0.414	6
E	0.529	0.605	0.667	0.600	0.612	2
F	0.517	0.430	0.380	0.206	0.396	7
G	0.875	0.348	0.341	0.110	0.387	8
H	0.655	0.392	0.460	0.507	0.481	5

总之，现代农业产业园集聚效应的优化程度排名结果不仅与集聚效应综合水平相吻合，与区位商指数测得的产业园空间集聚程度及行业集中度测得的总产值市场占有率也是相契合的，结果保持一致性，说明产业园集聚效应评价与现实吻合且整体呈现上升趋势。同时，已创建 4 年的产业园与已创建 3 年的产业园相比，其综合水平和各一级指标的优化程度均有改善，说明随着创建年限的增长，产业园的集聚效应发挥更稳定，集聚发展对产业园及北京都市型现代农业而言具有一定的现实意义。

（四）集聚效应影响因素分析

根据公式（6－4）计算得出各园区对各三级指标的障碍度，再根据 $TOi = \sum O_i$ ，以及障碍度排名，可知各一级指标对产业园集聚效应的影响因素程度，计算出各一级指标的障碍度均值，分别为 0.355 75、0.516 05、1.062 225 和 0.498 65，得出的结果与上述综合评价分析及相对贴近度结果具有一致性，具体结果见表 6－14 及图 6－12。

表 6－14　2017—2020 年北京现代农业产业园集聚效应影响因素障碍度

年份	要素集聚效应	产业链集聚效应	功能集聚效应	带动集聚效应
2017	0.358 3	0.750 0	1.125 0	0.625 0
2018	0.385 9	0.390 6	1.108 5	0.480 8
2019	0.346 8	0.467 1	1.023 8	0.446 9
2020	0.332 0	0.456 5	0.991 6	0.441 9

总体而言，影响产业园集聚效应的障碍因素依次是功能集聚效应、产业链集聚效应、带动集聚效应和要素集聚效应，可见功能集聚是产业园集聚发展过程中的重要一环。产业园未来集聚发展的过程中应该尤其注重功能的集聚，同时不可忽视产业链条的集聚发展、辐射带动发展及资源要素的集聚等。

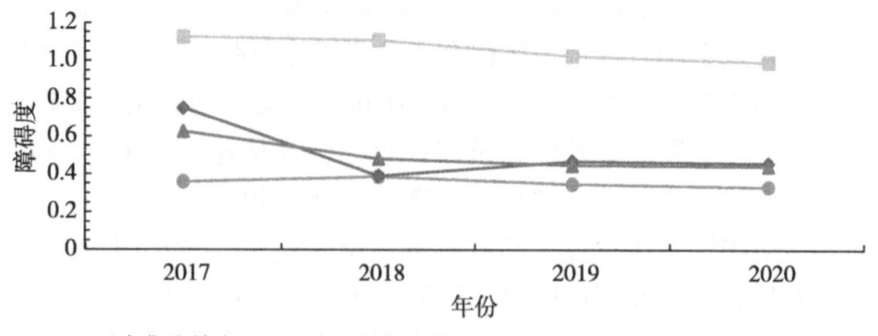

图 6－12　2017—2020 年北京现代农业产业园各一级指标障碍度变化趋势

以各指标每年障碍度取值大小为基础，筛选出每年影响现代农业产业园集聚效应的五个主要指标，具体情况见表 6－15。从中可以看出，2017—2020 年产业园集聚效应的障碍因素主要集中在 X_{21}（带动农户人数占比）、X_{16}（高标准农田占比）、X_{19}（产业园年总产值）、X_{13}（农产品质量安全可追溯占比）和 X_8（主导产业覆盖率）指标中。具体来看，2017 年制约集聚效应的主要障碍因子分布在功能集聚、要素集聚、产业链集聚及带动集聚四方面；2018 年制约集聚效应的主要障碍因子分布在功能集聚和要素集聚中；2019 年制约集聚效应的主要障碍因子分布在功能集聚、带动集聚

表 6－15　2017—2020 年北京现代农业产业园集聚效应主要障碍因子排序表

序号	2017 年	2018 年	2019 年	2020 年
1	X_1	X_{13}	X_{21}	X_{21}
2	X_7	X_{16}	X_{16}	X_{13}
3	X_{16}	X_{17}	X_{19}	X_8
4	X_{19}	X_3	X_{13}	X_{16}
5	X_{21}	X_{19}	X_8	X_{19}

和产业链集聚中；2020 年制约集聚效应的主要障碍因子分布在功能集聚、产业链集聚和带动集聚中。

由此可以说明，现代农业产业园自创建至今集聚的方向已经逐步由要素集聚转向功能集聚，并需要通过提高农产品质量安全、高标准农田占比、产业园年总产值等方面进一步发挥正向集聚效应。但集聚效应是一个综合因素，不能仅重视功能的集聚而忽视其他方面的发展，还需要结合集聚效应综合分析，不断完善主导产业产业链条、充分发挥带动集聚效应来推动产业园集聚发展蜕变。

（五）主要结论

本章通过熵权 TOPSIS 组合模型建立集聚效应评价指标并进行实证分析，再通过障碍度模型分析影响当前产业园集聚发展的障碍因素。评价产业园的集聚效应与探究其障碍因素可以进一步引导产业园发挥出正向的集聚效应，进而提升集聚效应综合评分和测度水平。通过对 8 家现代农业产业园的集聚效应评价可以得知，产业链集聚和功能集聚对产业园发挥正向的集聚效应而言至关重要，甚至对其起到决定性的作用。从可持续发展角度来看，产业园主导产业产业链集聚仍需重视、功能集聚亟须提升，具体如下。

1. 集聚效应综合得分逐年上升

现代农业产业园集聚效应发挥稳定，且呈现逐年上升趋势。经过 4 年创建，产业园集聚效应综合得分持续上升，且产业园集聚效应评分与区位商指数和产业集中度指数的结果呈现相同规律。因此，现代农业产业园在北京市已经发挥着正向的集聚效应。整体来看，要素集聚效应最为平均，各家园区的基础条件相差较小，政策支持力度大；产业链集聚效应是近年来产业园建设的主要工作，该方面呈现出波动上升的趋势；功能集聚效应呈现出稳定上升的趋势，说明自创建以来产业园的集聚功能逐渐完善，集聚效应逐步凸显；带动集聚效应存在两极分化现象，可以发现产业链越健全、功能集聚越良好的产业园，其带动集聚效应表现越好。

2. 产业园集聚度高，主导产业结构不断优化

产业园对要素及资源进行了合理整合，对主导产业发展进行了有效提升，集聚效果已初见成效，为企业成长壮大提供了平台和机会，推动了产业结构的升级，也可以为产业园自身带来更好的市场环境。结合现代农业产业园创建状况，上述区位商指数变化规律与现实发展历程相符。产业园通过汇集政策、人力、资金、生产要素等资源要素到园区这一地理区域范围内，在相关管理部门合力推动下打造优势主导产业、推动园区建设，提升主导产业竞争优势、推动品牌建设、发挥带动农户作用、积极投入科技创新与绿色发展，使产业园全面提升。因此，从整体区位商指数可以看出，产业园集聚度逐步上升，但从各家区位商指数来看集聚趋势并不稳定，这与创建时间较短有一定联系。

3. 专业化水平对产业园产业链集聚的影响较大

现代农业产业园内主导产业专业化程度不够，产业链上下游相关产业延伸不足，体现在部分园区主导产业覆盖率相对较低、土地产出率较低、农产品加工业产值较低等方面。鉴于北京地区农产品加工业受到发展限制，产业园的产业链条存在不完善的现象，如在农产品的加工、包装、储藏等环节与主导产业的集聚发展需求未能有效衔接。因此要提升产业园的专业化程度，应以优势特色的主导产业为中心，科学合理整合产业园整体资源，建设发展优势互补的产业园集群区。

五、国内外经验借鉴

（一）国内农业产业园发展经验借鉴

1. 创新利益联结方式

紧密的利益联结机制有助于拉近各经营主体与农户的合作关系，进一步实现小农户与现代农业有机衔接。产业园积极探索联农带农激励机制，创新利益联结方式，推动各主体联动发展，响应

"爱农、务农、兴农、强农"号召，与农户共享产业增收成果。

上海金山区国家现代农业产业园依托农业产业化龙头企业、农民专业合作社等新型经营主体，积极创新联农带农激励机制，发展多种利益联结方式，多渠道增收加强农民获得感，促进农民转移就业和增收。金山区国家现代农业产业园通过产业融合、深化帮扶、抱团发展、组建平台等多种方式联结农民，形成共享机制，通过致富增收提升农民获得感、幸福感，园区内农民人均可支配收入达4万元，比全区平均高出30%。具体来看，一是深化农村综合帮扶，在产业园区内遴选2个"造血"机制项目，一方面壮大相对薄弱的村集体经济，另一方面助推产业园内食用菌产业发展。二是盘活农村集体经济，廊下镇集体资产经营公司与12个村经济合作社共同合作投资，成立"上海廊下联发实业有限公司"，开发建设"上海廊下健康食品产业园"项目，在工业园区建造工业产房，以每年不低于6%的收益按投资比例回报每个村。此外，金山区国家现代农业产业园通过提高农户承包地流转补贴，引导承包地集中管理，46%的设施农用地、4.69公顷国有建设用地用于产业园建设，解决了土地问题。

2. 打造联合公用品牌

农业品牌化是提升农产品附加值的"奠基石"。现代农业产业园需要树立品牌意识，充分利用内部技术、人才、资金等硬件资源优势及当地气候、土壤、水源等自然条件优势联合规划品牌建设方案，提升农产品品质，满足区域内不同消费群体需求，提升产业园核心竞争力。

在品牌的打造过程中，广西增城区现代农业产业园把握时代脉搏，注重线上线下同步推进。增城区根据自身自然资源禀赋优势，打造荔枝产业，使其成为国内外最具岭南特色的名优农产品。在促进荔枝销售方面，设置荔枝专卖市场、促进果园观光采摘、畅通荔枝物流渠道、搭建电商销售平台等。目前，增城区是全国荔乡生态文化旅游知名品牌创建示范区，并已连续成功举办了27届"荔枝文化旅游节"，以农旅结合发展荔枝产业，大力发展荔枝果园采摘与生态旅游，促进增城荔枝产业不断发展，成为增城最具知名度的生态文化旅游品牌。另外，在“互联网＋现代农业”发展政策指导和支持下，“增城菜心”也享有较高知名度。增城区现代农业产业园通过“公司＋基地＋农户”的模式，促进园区主导产业走上电商平台、打响品牌，走向全国市场。

（二）国外农业产业园发展经验借鉴

1. 强化科技成果渗透

美国科技发展处于世界领先地位，其农业产业化发展也高度重视科技水平的重要作用。美国产业园大都是以家庭农场为基础建立起来的，最明显的特征就是规模化经营、科技渗透。

美国十分重视科技技术与市场开发在农业产业集聚中的作用，将生物技术、信息技术等高新技术产业的发展理念、技术成果引入农业，从而在集聚发展的过程中刺激技术溢出效应的发挥。具体来看，一是在产业链的分工合作上，从单一的农产品销售延伸到二、三产业领域融合，农业生产、商品流通、信息服务、金融服务等领域通过专业化的分工而紧密融为一体，形成了一条各环节紧密相连的农产品生产、加工、营销产业化体系；二是在功能集聚上，拓宽单一的农业发展，将农业发展渗透于高新技术产业领域，打造高端农业产业，实现新型产业形态并发挥集聚效应。因此，科技渗透成为美国产业园产业集聚发展强大的动力。

2. 打造专业产业体系

新西兰帝普基镇猕猴桃庄园以经济效益为中心，以市场为导向，充分发挥现有的资源优势，有效整合农业生产的产前、产中以及产后各个环节，发展农业产业化经营，最大限度地发挥产业的集聚效益和规模效益。

新西兰帝普基镇猕猴桃庄园围绕猕猴桃主导产业，不断深化产业体系。具体来看，一是加快农业结构调整。重点围绕主导产业，通过加大各级财政投入力度、整合各类资金项目、争取有关政策支持、加大招商引资力度等，立足当地的资源优势，因地制宜，选择一批优势产业，不断提升产业化发展水平，推进都市农业优势产业的生产、加工、销售等一体化建设，提高产品竞争力、综合质量以及企业的经济效益。二是建立高效、规范、统一的合作经济组织。将零散的生产经营户联合起来，将零散的资金集中起来，有机整合产品的生产、加工、销售等各个环节，不断提高产品的产业化水平。农民不再以个体、单打独斗的形式出现在市场上，取而代之的是以贸易伙伴、专业组织的身份参与市场竞争，身份由被动变主动，农业产业也实现了由弱变强、由小变大。三是积极推进企业外向发展进程。充分发挥经济发展新平台建设优势，面向国内外市场，推进涉农企业外向发展。

六、研究结论及对策建议

（一）研究结论

现代农业产业园是乡村产业振兴的“牛鼻子”，北京自 2017 年以来开始创建产业园，截至 2020 年共创建了 10 家，且集聚现象逐渐明显。这种集聚效应对北京现代农业产业园发展产生了很大的影响和启发，所以本书以产业园为研究对象，对其集聚效应进行研究，科学合理地分析产业园是否已经形成集聚效应，以及集聚效应具体是如何表现的，又具有怎样的发展趋势，并找出对其集聚效应进一步发挥产生制约的影响因素，具有顺应时代需求的理论意义和现实意义。本研究首先是通过区位商和产业集中度来测算产业园集聚度，得出产业园是否形成集聚效应，再是通过熵权 TOPSIS 组合模型对 8 家产业园的集聚效应进行评价，得到产业园集聚效应在要素、产业链、功能和带动这四个方面有具体表现与发展趋势，最后通过障碍度模型找出制约产业园集聚效应发挥的主要因素。通过上述分析，本书得到如下结论。

自创建以来，北京现代农业产业园不断吸引相关优势资源向园区靠拢，发挥主导产业优势，强化产业园功能，使产业园集聚效应逐渐显现。首先通过区位商和产业集中度测算可以得知产业园已经形成集聚，主导产业结构不断优化，且集聚趋势突出、集聚度高，因此集聚效应已经形成。其次通过建立指标体系可以对产业园进行评价，从要素集聚、产业链集聚、功能集聚和带动集聚四个方面的表现可知，产业园的集聚效应综合得分呈现持续上升趋势，且在要素集聚上表现突出，说明在各级政府的大力支持下，产业园具备资源要素集中、政策扶持力度大的优势。虽然产业园已经显现出集聚成效，但通过障碍度模型进一步分析发现仍有短板需完善，根据实际发展调研和定量研究，目前主要问题如下。

1. 产业园产业链条延伸不足，产业链集聚效应有待加强

通过集聚效应实证分析可以看出：一是产业链条部分缺失。由于北京的农产品加工业受到发展限制，如农产品的研发、种植、加工、包装、储藏、销售、物流运输等环节与主导产业的集聚发展需求未能有效衔接，产业园的产业链条存在不完善的现象。二是产业链条上游延伸不充足。向产业链上游的纵向延伸能够在一定程度上改善农产品的技术和资金条件，进而推动产业园集聚发展。当前，产业园在科技研发上投入不足、创新能力不突出，未能充分发挥出北京科技和人才的优势，与主导产业集聚发展的需求存在差距，产业链条向上游延伸不充足。如集聚效应评价中一些产业园科技应用集聚效果不佳，结合实际调研可以看出，部分园区缺乏科技含量高的名优特新品种，同时在适应农产品加工业发展上缺乏科学储备和技术支持。产业园集聚效应中产业链集聚效应尤为重要，决定了集聚发展的进程，因此产业园集聚需要在产业链上下功夫，让农业价值链向高处拓展。

2. 经营主体缺乏培育与凝聚，带动集聚效应有待发挥

根据集聚效应综合评价来看，当前现代农业产业园在竞争与合作发展上还存在一些问题。一是新型农业经营主体数量较少。在标准化生产、品牌开发、市场开拓、带动能力等方面，部分产业园相对滞后。一方面产业园内龙头企业和农业专业合作社还有待培育，另一方面园区内新型农业经营主体数量不够。根据调研及数据分析结果显示，2020 年 8 家产业园平均拥有市级及以上农业龙头企业数量为 3 家，市级及以上农民专业合作社示范社 2 家，这导致生产加工及带动能力有限，市场竞争结构离散，集聚化进程缓慢。二是农业经营主体之间缺乏有效衔接。目前园区内企业与企业之间的联系不紧密，抱团发展的意识不明显，且企业和农户之间的利益联结机制缺乏创新，仍以订单农业、土地租金收益、就近打工收益等为主。根据调研及数据分析显示，2020 年现代农业产业园平均农户加入合作社比例为 29.81%，农户缺乏参与积极性。只有通过产业链上不同的经营主体凝聚合力发挥出集聚经济效益，才能充分发挥产业园的带动集聚效应，使产业园整体竞争优势不断提高。

3. 品牌数量不足，功能集聚效应亟须彰显

从实证分析可以看出，现代农业产业园在集聚过程中功能集聚效应突显重要，具体包括科技应用、规模建设和绿色发展，且园区品牌数量是其中重要障碍因素之一。结合实际调研来看，产业园内品牌数量和区域品牌特色方面有待提高。一方面目前尚有 3 家产业园没有打造区域公用品牌，另一方面尚未形成在全国具有影响力的优势品牌，市场竞争力不够突出。产业园作为发挥集聚效应的平台，品牌建设是农产品安全性和资源利用可持续性的重要保障，因此需要不断强化品牌功能以促进集聚效应发挥。

4. 成果推广效果不佳，科技功能集聚有待提升

从实证分析可以看出，现代农业产业园功能集聚方面的科技应用水平有待提升，尤其是在科研平台支撑、农业科技化水平方面需进一步提升。结合实际调研来看，部分园区科技应用缺乏推广与创新。具体来看，一是园区常借助于企业或科研院所等平台的力量，而非自身技术进行科技研发，因此科技推广力量相对薄弱。二是园区过分依赖技术集聚过程中的技术研发，有可能存在新产品和新技术与现实需求的脱节现象。三是园区的推广和辐射面积分布广而散，后续技术的跟踪和服务不到位，导致科技推广效果不佳。产业园是发挥科技集成的重要平台，因此需要不断强化科技创新与推广功能，以促进集聚效应更好地发挥。

（二）对策建议

1. 加快产业链集聚建设，构建产业园协同发展体系

打通产业链上下游企业的协同合作，打造以现代农业产业园主导产业为核心的集聚产业体系。一是构建产销一体化产业链，推进一产接二产连三产的产业转移链。一方面要重点围绕主导产业，充分发挥财政资金的撬动作用、争取有关政策支持等，不断提升产业化发展水平，推进产业园主导产业一体化建设，提高产品的竞争力；另一方面要加强产业园内龙头企业的农产品仓储保鲜和冷链物流设施建设，打通从互联网、田头市场、电商企业到实现城市终端配送的产业链体系，加快产业园集聚建设。二是提高产业园的农业综合产出效率和农业资源利用效率，提升鲜活农产品供给能力和保障产品质量安全，以产业园为标杆建立起首都生态循环生产体系，构建产业园全面可持续发展产业集聚体系。

2. 激发龙头企业内生动力，创新优化利益联结机制

全力支持龙头企业做大做强，加快现代农业产业园形成螺旋上升的内生式集聚发展动力，鼓励创新利益联结机制，实现小农户与现代农业的有机衔接。一方面要培育并扶持一批产业园内龙头企业，另一方面要吸引汇集一批产业园外龙头企业，推动农业龙头企业成为行业标准的“领跑者”。通过完善资金筹措机制，拓宽投融资渠道、制定优惠政策，提供良好的外部环境和条件培育，并吸引更多的龙头企业聚在园区。围绕主导产业和特色农产品形成一批市场牵“龙头”、“龙头”带园区企业，引导他们逐步向“大、高、外、新”方向发展，提高农业产业化程度，推动产业园农业特色化、精品化、高质高效发展。积极创新利益机制联结模式，连接企业、合作社、家庭农场等多个主体，保障农民在合作关系中获得合理的产业链增值收益。同时，可通过建立园区联动利益共享机制，优化整合园区产业空间布局，形成产业园区域联动发展格局，提高北京都市型现代农业的产业集聚程度。在目前建园基础上，可以打破已有的园区界限，形成抱团发展意识，通过共享成果推动产业园整体集聚发展。

3. 功能集聚对产业园发挥集聚效应形成最大制约

现代农业产业园集聚效应的最大制约逐步从要素集聚效应转为功能集聚效应，说明经过 4 年创建，产业园的集聚水平不断提高，对进一步发挥正向集聚效应的因素也有了更高的要求。具体来看，园区科技创新资源与主导产业联系不紧，规模及品牌建设力度不够，体现在部分园区年总产值较低、科研合作平台较少、园区品牌数量较少及绿色、有机、地理标志的认证不足等。结合北京农业发展实际情况，应发挥新型农业经营主体在产业园中对绿色发展、品牌建设、科技研发等相关功能的力量，形成产业园集聚效应升华的突破口。

4. 加快推动品牌建设，促进功能集聚效应发挥

紧扣北京市现代农业产业园发展联盟战略，依托产业园主导产业，打造“京字号”品牌联盟，提升本土市场竞争力。一是加强产业园自身品牌建设，鼓励龙头企业进行绿色、有机、地理标志的认证，以及打造区域公用品牌，形成地区特色的农业品牌体系。一方面要引导龙头企业创建企业品牌和产品品牌，并鼓励企业之间相互合作，提高品牌竞争力，提升市场信誉度；另一方面要鼓励合作社等新型经营主体加强初加工产品进行商标注册等，为产业园品牌建设打下坚实基础。二是创新营销模式，拓展产品市场空间。积极推广“互联网＋”电商营销模式，完善电商销售建设，加强与物流公司的合作，增加物流运送能力，提升电商销售市场占有份额。通过积极选派骨干人才参与电商人才培训活动，加大和拓宽园区内农户线上销售培训力度和覆盖面，培养更多农户成为自电商。线下推进蔬菜果品直销模式，完善提升现有农产品销售市场的硬件设施条件，为产业园功能集聚提供良好基础。

5. 加强科技集聚效应，引领园区创新能力

鼓励现代农业产业园立足北京“种业之都”发展优势，以种业发展引领产业园的科技创新和产品品质升级，支撑北京精品化农业高质量发展。具体来说，一是要围绕平谷区国家现代农业产业园和通州区于家务乡现代农业产业园的奶牛、蔬菜等种业产业，发挥首都科技和人才优势，提升创新能力和科技水平，使其成为企业聚集中心，发挥引领辐射作用。二是要围绕北京市科技创新中心建设，利用好国际和国内两种科技资源优势，依托产业园打造农业高精尖产业，实施自主创新和原始创新。如通过汇集北京市创新团队及科研平台的力量，从科研、人才、信息、成果转化和资本等多方面，加快打造全国农业科技创新汇聚地和增长极。

第七章 //

北京现代农业产业园绩效评价研究

现代农业产业园是按照政府引导、市场主导、农民受益、共享发展的方式，围绕农业主导产业，以规模化种养基地为基础，进行“生产＋加工＋科技”全产业链开发，聚集现代要素，实现绿色发展，带动农户增收，创新体制机制，形成明确的地理界限和区域范围，建设水平区域领先的现代农业发展平台。它是国家实施乡村振兴战略、引领农业供给侧结构性改革和加快推进农业农村现代化的一项重要抓手，肩负着为引领农业供给侧改革搭建新平台、为推动农业产业转型升级提供新路径、为培育农业农村发展新动能创造新经验、为促进农民持续增收探索新机制的战略使命。

当前，北京在“四个中心”定位及“调粮、保菜、精畜”的目标之下，不断深化农业结构调整，加快农业供给侧改革，控制增量，做优存量。但在其发展过程中，由于劳动力、土地、环境等要素的刚性约束，农业生产总值占地区生产总值的比重呈下降趋势，农业生产发展形势严峻。因此，北京在全市打造了一批产业特色鲜明、要素高度聚集、设施装备先进、生产方式绿色、经济效益显著、辐射带动有力的现代农业产业园。本章以北京现代农业产业园为研究对象，根据产业链理论、产业集群理论、产业融合理论、农业区位理论、技术创新理论及生态农业理论，首先总体梳理其发展现状，其次建立绩效评价指标体系，根据评价结果分析其存在问题，最后借鉴国内外农业产业园成功经验，提出北京现代农业产业园进一步发展对策，以期加快北京农业向高产、高效、高质的现代化农业发展，促进农民就业增收，实现乡村产业振兴。

一、北京现代农业产业园绩效评价的研究背景

（一）推进质量兴农、绿色强农的需要

北京农业在长期发展过程中面临着劳动力和土地等资源的刚性约束，农民老龄化和农业收入持续处于低水平使农民“三不”现象严重，即“不以农为主，不以农为生，不以农为业”。同时，资源和环境的过度开发和利用使得耕种环境受到一定破坏。现代农业产业园是以“四农”为宗旨，即“姓农、务农、为农、兴农”，具体是指以农为本，围绕农业主导产业，进而带动二、三产业融合发展，打造全产业链格局，不断吸引和集聚现代要素，做大做强优势主导产业，带动农民就业增收，逐步缓解“三不”现象。此外，产业园按照“农地农用、农地姓农”的原则对农业的规范经营提出了更高标准，以此来推动农业高质量健康发展，加快北京推进质量兴农、绿色强农。

（二）促进农业产业结构优化的需要

按照2014年北京市出台的《关于调结构、转方式、发展高效节水农业的意见》，近年来北京不断深化农业结构调整，加强农业供给侧改革。一方面有效调整北京农业产业结构，加快菜篮子农产品、现代种业、观光休闲等产业发展。另一方面，北京不断加快转变农业发展方式，带动新型农业经营主体和农户专业化、标准化、集约化生产。同时，提升农业生态服务价值，全面防治农业面源污染，推进美丽乡村建设。面对这些新的发展背景和时代需求，建设现代农业产业园势在必行，在其优势特色农业产业的基础上，通过产业融合发展，促进产业链、价值链的优化和升级，拓展功能，丰富业态，加快产业升级、质量提升和品牌创新，为农业产业结构优化提供新路径，为农业发展注入新活力。

（三）推进农业现代化建设的需要

在乡村振兴战略背景下，要积极培育新型农业经营主体，加快农业农村现代化，实现小农户和现代农业发展有机衔接。北京在发展都市型现代农业的进程中亦遵循这一基本规律。北京都市现代农业是首都鲜活安全农产品供给的基础保障，是首都生态屏障的重要组成，是首都和谐宜居的基础支撑。农业现代化建设过程中以首都城市消费群体的多元化、个性化、高端化需求为导向，充分挖掘消费潜力，利用并扩宽农业和农村的投资空间，为稳定增长增添新动力。现代农业产业园作为农业现代化的抓手和载体，利用政策资源，改善生产条件，加快科技应用推广，促进规模化、专业化、集约化和标准化生产，新型农业经营主体是园区建设的主导力量，示范带动区域农业现代化建设。

（四）探索农民持续增收机制的需要

近年来，农民持续增收的传统动力逐渐减弱，导致了农民收入增速变慢。由此，北京市着力促进农民增收，积极拓宽农民增收渠道，落实就业政策，加强就业服务和技能培训，推进农村劳动力多渠道转移就业和增收，千方百计让京郊农民的“钱袋子”鼓起来。现代农业产业园为探索农民持续增收机制开辟了新途径，能够发挥政策及服务优势，为农民开展规模化种养、农产品加工、农村电商等创业创新提供平台，强化规模经营主体、农业龙头企业与农户的利益联结，带动更多农户进入现代农业发展轨道，为农民参与、分享二、三产业增值收益提供保障。

二、北京现代农业产业园发展实践

北京市为深入落实城市战略定位，更加突出疏解非首都功能、治理大城市病、推动京津冀协同发展，有效提升都市现代农业发展的质量，为现代农业产业园的建设提供了有力支撑。在农业生产方面，北京都市现代农业进一步加快了调整步伐，不断优化产业布局，强化服务首都功能，更加注重产品的质量和效益。通过调整农业结构，城市周边生态环境得到明显改善，基本完成畜禽养殖禁养区划定工作，绿色种养成效逐渐显现。在新产业、新业态发展方面，大力开发北京都市现代农业的“生产、生活、生态”功能，以多元化、个性化、高端化的消费需求为导向，打造以康养农业为重点，集休闲农业、会展农业、互联网＋农业、现代种业、生态沟域为优势特色的现代农业产业体系。在农业农村改革方面，北京市深入推进“新三起来”，以激活土地、科技、资金等现代生产要素为重点，全面推进农村各领域改革创新，为都市现代农业转型发展注入源源动力，有力支撑了新常态下北京现代农业建设。

在当前情况下，北京农业发展在自然资源、市场竞争等方面的压力越来越大，但整体来看，北京都市现代农业依然大有作为。一是京津冀协同战略为农业开辟了更为广阔的发展空间，使三地布局优化起来、资源统筹起来、产业对接起来，推动京津冀农业资源共享、优势互补、互利共赢。二是北京“科技创新中心”定位为推动现代农业发展提供了有力支撑。三是信息技术的快速兴起为农业升级开拓了一条新的道路，“互联网＋”成为当前发展的重要手段。此外，产业融合使北京农业的内涵与外延得到拓展，已经成为农业产业发展的重要方向，为农村经济增长提供了新动能。

（一）主导产业情况

北京现代农业产业园根据当地自然禀赋和资源优势，发展特色农业主导产业，进行产业融合发展，产业集聚程度较高。各产业园立足本地特色优势产业和支柱产业，按照“生产＋加工＋科技”的发展要求，加快形成种养规模化、加工集群化、科技集成化、营销品牌化的产业链发展格局，逐渐形成合理的三次产业结构，具体是指以第一产业为基础，即围绕主导产业，带动加工等第二产业，同时发展农旅一体化等第三产业，将产业园打造成为多产融合的现代农业示范园。2020 年，10 家产业园总产值 165.19 亿元，主导产业总产值 124.44 亿元，主导产业产值占产业园总产值比重平均为 69.17%，主导产业适度规模经营比例平均值达 56.08%。现代农业产业园综合实力不断增强，产业化水平持续提升（图 7－1）。

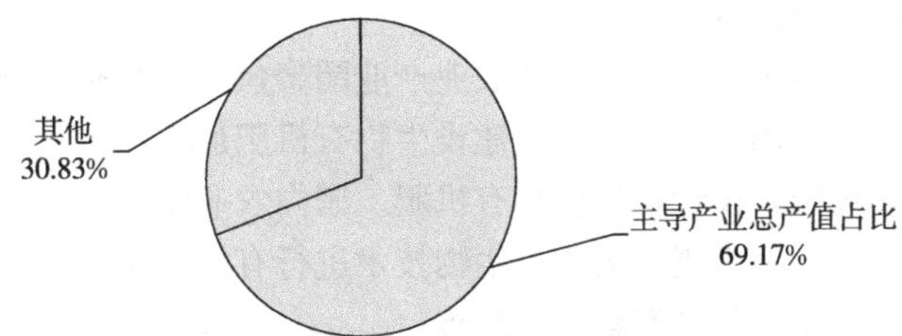

图 7－1　2020 年北京现代农业产业园主导产业产值占园区总产值比重

资料来源：北京市农业农村局。

例如，大兴区庞各庄镇现代农业产业园立足资源现状和产业基础，以西瓜为主导产业，该园区主导产业相对聚焦，产业聚集发展较好，有利于生产、加工、销售等生产经营主体集群式发展。园区通过西瓜深加工，休闲体验工坊等提升产品附加值，同时，加强整合农业、文化及旅游资源，以及梨花旅游文化节、西瓜节等大型主题活动，拓展农业多种功能，促进产业融合发展。

（二）绿色发展情况

北京现代农业产业园注重农业生产与资源环境协调发展，农业环境问题得到改善，绿色发展成效不断显现，逐渐步入生态可持续发展的良性轨道。各产业园全面推行和实施“一控两减三基本”，通过加大节水节能设施的普及，不断提高水资源利用率，控制了农业用水总量和农业水环境污染；通过从严控肥、控药、控添加剂，合理施肥、科学用药，提升了农药、化肥利用率；通过推广低碳、循环技术，实现畜禽粪便、农作物秸秆、废弃农膜等无害化处理和资源化利用。各园区坚持绿色发展理念，不断改善农业生产条件，规范美化园区生态环境，平均节水灌溉面积比重达到

90.41%。推广使用配方施肥、科学用药、低碳循环等农业技术，化学投入品使用强度持续降低，农膜、农药、化肥包装废弃物回收处置率达到98%以上，畜禽粪污综合利用率达到97.01%。农产品质量安全抽检合格率达到100%，基本建立了农业绿色、低碳、循环发展的长效机制。

例如，房山区窦店镇现代农业产业园聚焦主导产业，遵循绿色发展、循环利用的原则，通过建设生物有机肥加工厂、生产加工车间及配套设施，设计精品生物有机肥。园内农业废弃资源得到有效利用，将农业污染废弃物通过生物技术进行有机肥加工，实现产业生态循环发展，环境问题逐步改善。

（三）科技品牌情况

北京现代农业产业园通过构建企业主体、市场导向、产学研结合的农业科技平台，开展新品种、新技术、新模式、新机制的示范与推广。不断完善道路、用电、节水等基础设施，瞄准自动化、工厂化、数字化发展方向，提升设施装备智能化水平，积极推动人才、土地、资本、科技、信息等现代要素聚集，形成有利于各类主体聚集发展的良好环境。2020年底，10家产业园高标准农田平均占比达到65.26%，共设立市级及以上科研合作平台超40家，拥有专业技术人员数量增至1 200人，建立较为完善的专业人才队伍，产业园发展科技支撑能力稳步增强。各产业园通过吸引汇聚农业科研机构、高等院校等科教资源，争取其在技术方面的支持，指导产业园生产种植，促进先进技术、原创技术的对接与转化，初步建立了职业农民和专业人才队伍，使之成为现代技术和装备加速应用的集成区。在品牌方面，北京现代农业产业园立足主导产业培育农产品品牌，通过发挥龙头企业作用壮大品牌，已形成平谷大桃、峪口禽业、窦店肉牛等较为知名的品牌，影响力逐年增强，为发展提供了有力支撑。

例如，通州区于家务乡现代农业产业园建设农业科技成果转化孵化基地，承接国家级农业科技成果转化项目，进一步发展高精尖种业产业，形成“产学研相结合，育繁推一体化”的种业全产业链，较好地发挥了园区科技示范引领作用。同时，通过引进多家科研院校，聘请多名专家院士组建专家顾问团队，已成功引进国内外高端种业科技人才200余人，为园区建设提供了科技支撑及人才技术支持。此外，该产业园积极打造品牌，催生种子“硅谷”，通过举办农业博览会、农业展销会、农业交易会或洽谈会，发挥平台优势，种业园区品牌优势逐渐突显。

（四）带农增收情况

北京现代农业产业园不断壮大农业企业与合作社，通过建立农民利益联结机制，带动农户就业增收。产业园采取了“企业＋合作社＋农户”“合作社＋基地＋农户”“公司＋合作社＋基地＋农户”等多种经营模式为农户提供就业机会，带动其分享产业增值收益。部分专业合作社实行统一供种、统一配方施肥、统一技术指导、统一植保、统一田间管理等社会化服务，有利于提高农民组织化程度，保障农民利益共享、风险共担，加快了农户与现代农业发展有机衔接。此外，部分园区通过研究财政补贴资金、土地或项目主体入股等方式与农户建立利益联结，最终将收益返还给村民，有助于壮大农村集体经济，加快农民富裕、农村繁荣。2020年，产业园与企业、合作社建立订单合作关系的农户达到6.74万户，占产业园总农户数的36.57%，平均农民人均可支配收入达2.94万元，带农增收能力不断增强。

例如，平谷区峪口镇现代农业产业园依托优质农产品资源，以增加农民收入、加快建设都市型现代农业为目标，不断完善农民利益联结机制，形成了正大蛋业“四位一体”＋“BOT”模式及北京金果丰果品产销专业合作社“三位一体”运行模式，2020年农村居民人均可支配收入达到3.3万元①。该产业园通过利益联结不

① 这一数据指的是园区农村居民可支配收入，并非平谷全区。这一数据来源于峪口镇现代农业产业园监测评价数据表，由峪口镇现代农业产业园估算所得。

断激发农民参与园区建设，提高生产经营的积极性，多渠道增值农民收入，保障农民权益。

（五）组织管理情况

组织管理机制是现代农业产业园建设的有力保障，推动园区持续健康发展。北京现代农业产业园不断健全组织管理机制，成立领导小组，负责园区申报、规划、管理等工作；成立园区管理委员会负责评估准入项目、招商引资及基础服务等工作；建立产业园平台公司，负责市场、外联、技术输出引进等日常运行工作，保障公司获得稳定合理收益，以此调动多主体参与园区建设、运营和管理的积极性，不断激发市场主体的创新创造活力。不断完善支持政策，加大整合财政投入力度，鼓励撬动社会力量参与项目建设。一是积极破解用地难题。密云区国家现代农业产业园和长子营镇、窦店镇、峪口镇和于家务乡 4 家市级产业园落实了配套建设用地，有力破解了项目建设用地难的问题。二是持续整合资金投入。截至 2020 年底，密云区和平谷区分别使用中央财政奖补资金 0.3 亿元，整合地方财政投入分别达到 3.9 亿元和 2.7 亿元，撬动社会资本投入 15.1 亿元和 7.59 亿元到国家现代农业产业园项目建设。三是不断加强项目建设。密云区国家现代农业产业园开工项目达到 40 个，投产项目达到 33 个。平谷区国家现代农业产业园开工项目 29 个，投产项目 13 个。项目进展均符合创建方案进度要求。

例如，房山区国家现代农业产业园按照建设标准和要求，积极开展各项工作，取得了一定进展。现已形成领导小组、管理委员会、专家咨询委员会、建设主体、运营公司“五位一体”的组织管理体系，不断加强与产业园管理委员会各成员单位的对接，针对园区考核认定指标研究制定了相关工作实施方案，并积极对接，进一步加快了现代农业产业园的建设步伐。

三、北京现代农业产业园绩效评价

(一) 国家现代农业产业园

根据《国家现代农业产业园监测评价办法(试行)》,国家级现代农业产业园监测指标体系共分两级,包括 6 项一级指标和 19 项二级指标,总分 100 分。如前文所述,3 家国家现代农业产业园分别用字母 A、I 和 J 表示。2020 年,A 和 I 国家现代农业产业园监测得分分别为 89 分、93 分(表 7-1),较上年分别减少 3.5 分和 0.3 分。J 国家现代农业产业园为 2020 年批准创建,首次监测得分为 80 分(表 7-1)。

表 7-1 2020 年国家现代农业产业园监测评价得分

指标及权重	得分	A	I	J
主导产业综合效益	18	18	14.4	12
一、二、三产融合发展水平	17	17	16	11.2
科技装备支撑水平	15	15	15	13.5
绿色发展水平	20	20	20	20
联农带农水平	20	13	17.9	15
支持保障水平	10	6	10	8.5
总分	100	89	93	80

资料来源:现代农业产业园监测评价信息系统。

1. 主导产业综合效益

主导产业综合效益包括劳动生产率、土地产出率和主导产业产值与总产值比值 3 个指标,总分 18 分。2020 年通过认定的 A 现代农业产业园得分 18 分。I 现代农业产业园 14.4 分,J 现代农业产业园 12 分。其差距主要体现在产出效率上。

(1) 劳动产出率。2020 年,A 现代农业产业园因范围限于良乡镇，镇域人口少，产业园总产值高，劳动生产率超过 10 万元/人。I 和 J 现代农业产业园劳动生产率分别为 7.81 万元/人和 5.29 万元/人，达标率为 78.1%和 52.9%，距 10 万元/人的目标值还有一定差距。

（2）土地产出率。2020 年，A 现代农业产业园土地产出率为 30 万元/公顷，超过 26.87 万元/公顷的目标值。I 和 J 现代农业产业园土地生产率分别为 15.52 万元/公顷和 14.63 万元/公顷，距离目标值还存在一定差距。

（3）主导产业产值与总产值比值。2020 年，A、I 和 J 现代农业产业园主导产业产值与总产值比值分别为 87%、87%和 86%，均超过 60%的目标值，表明国家现代农业产业园主导产业集聚度高。

2. 一、二、三产融合发展水平

一、二、三产融合发展水平包括适度规模经营率，农产品加工业产值与农业总产值比值，二、三产业产值与总产值比值 3 个指标，总分 17 分。A、I 和 J 现代农业产业园得分分别为 17 分、16 分和 11.2 分。

（1）适度规模经营率。2020 年，3 家国家级现代农业产业园适度规模经营率均已超过 65%的目标值。J 现代农业产业园以畜禽种业为主导产业，规模化养殖水平显著提升，适度规模经营比例达到 97.62%。I 和 A 现代农业产业园分别为 80%和 75%。

（2）农产品加工业产值与农业总产值比值。2020 年，A 现代农业产业园农产品加工业产值与农业总产值为 5.1∶1。I 现代农业产业园为 2.5∶1，通过进一步增加蔬菜初加工量，提升深加工能力，预期可以达到 3∶1 的发展目标。J 现代农业产业园以畜禽种业为主导产业，目前该项指标为 0.54∶1，距认定目标还有一定差距，下一步需延伸产业链，拓展加工增值能力。

（3）二、三产业产值与总产值比值。2020 年，A 和 I 现代农业产业园的二、三产业产值与总产值比值分别为 91%和 75%，超过 70%的目标值。J 现代农业产业园受制于第二产业，加工产值低，导致该指标仅为 51%，距离目标值存在较大差距，第二产业、畜禽种业等农产品加工多元化发展还需进一步提升，休闲农业、乡村旅游、电子商务等新业态增殖能力有待增强。

3. 科技装备支撑水平

科技装备支撑水平包括高标准农田覆盖率、农作物耕种收综合机械化率、农产品冷链流通率 3 个指标，总分 15 分。2020 年，I 现代农业产业园科技装备支撑得分为 15 分，A 和 J 现代农业产业园分别得 15 分和 13.5 分，具有一定提升空间，差距主要体现在高标准农田覆盖率和农产品冷链运输流通率上。

（1）高标准农田覆盖率。2020 年，I 现代农业产业园高标准农田覆盖率为 70%，达到目标值。A 和 J 现代农业产业园的高标准农田覆盖率分别为 58%和 40%，未达到目标值。A 和 J 现代农业产业园下一步需积极推动高标准农田建设项目向产业园范围耕地倾斜。

（2）农作物耕种收综合机械化率。2020 年，3 家国家级现代农业产业园的农作物耕种收综合机械化率均达到 70%的目标值，A、I 和 J 现代农业产业园的该项指标分别为 100%、88%和 70%。

（3）农产品冷链流通率。2020 年，I 现代农业产业园农产品冷链流通率达到 86%，超过 60%的目标值。A 和 J 现代农业产业园农产品冷链流通率分别为 30%和 45%，与目标值存在一定差距，需进一步加强冷链物流体系建设，增强冷链流通装备和配送保障能力，确保适应和满足产业发展需求。

4. 绿色发展水平

绿色发展水平包括节水灌溉覆盖率、农药化肥施用强度、农业废弃物资源化利用率、农产品质量安全抽检合格率及“两品一标”农产品占比 5 个指标，总分 20 分。目前，3 家国家级产业园在绿色发展中总分均达到 20 分，表明国家现代农业产业园绿色发展总体水平高，可持续发展能力强。

（1）节水灌溉覆盖率。2020 年，3 家国家级现代农业产业园节水灌溉覆盖率均超过目标值，达到 85%以上。

（2）农药化肥施用强度。2020 年，3 家国家级现代农业产业园农药化肥施用强度均符合 164.18 千克/公顷的目标值。A、I 和 J 现代农业产业园分别为 1.79 千克/公顷、0.45 千克/公顷和 0.15 千克/公顷。

（3）农业废弃物资源化利用率。2020 年，A、I、J 国家级现代农业产业园农业废弃物资源化利用率分别为 100％、96.46％和 98.3％，均达到 90％的目标值。

（4）农产品质量安全抽检合格率。2020 年，3 家国家级现代农业产业园农产品质量安全抽检合格率均为 100％，超过 99％的目标值。

（5）"两品一标"农产品占比。2020 年，A 和 J 现代农业产业园"两品一标"农产品占比分别为 76％和 85％，达到 40％的目标值，I 现代农业产业园"两品一标"农产品占比为 39％，距离目标值稍有差距，需进一步加强绿色、有机农产品认证，提高优质农产品覆盖率。

5. 联农带农水平

联农带农水平包括与合作社或龙头企业建立利益联结机制的农户比重、农民人均可支配收入高于所在县平均水平、带动村集体经济收入增幅 3 个指标，总分 20 分。A、I 和 J 现代农业产业园分别得分 13 分、17.9 分和 15 分。

（1）与合作社或龙头企业建立利益联结机制的农户比重。2020 年，A 和 I 现代农业产业园与合作社或龙头企业建立利益联结机制的农户比重均超过 60％的目标值，J 现代农业产业园为 24％。J 现代农业产业园主要的利益联结方式为大中型企业用工，建议龙头企业、合作社等拓展入股分红、托管服务等深层次利益联结方式，带动更多农户通过产业园实现持续增收。

（2）农民人均可支配收入高于所在区平均水平。2020 年，A 现代农业产业园农民人均可支配收入高于所在区平均水平 71％，远高于 30％的目标值。I 和 J 现代农业产业园分别为 22％和 25％，略低于目标值，需要进一步拓展联农带农方式，持续增加农民的经营性收入和工资性收入。

(3) 带动村集体经济收入增幅。2020年，I和J现代农业产业园在带动村集体经济收入增幅分别为10%和8%，达到8%的目标值。A现代农业产业园为4%，未达到目标值，需进一步完善产业园建设与村集体经济的联结机制，通过在产业园后续发展采用股份合作、就地用工等多种方式，增强对村集体经济的反哺作用，实现村园协同发展。

6. 支持保障水平

支持保障水平包括财政投入与产业园总产值比值、金融社会资本与财政投入比值2个指标，总分10分。I、A和J现代农业产业园分别得分10分、6分和8.5分。

(1) 财政投入与产业园总产值比值。2020年，I和J现代农业产业园财政投入与产业园总产值比值为11%和13%，达到10%的目标值。A现代农业产业园通过验收后，财政集中投入期已完成，该产业园通过多渠道整合投入达2.7个亿，该指标达到了8%。

(2) 金融社会资本与财政投入比值。2020年，A现代农业产业园金融社会资本与财政投入比值为6.86%，超过了5%的目标值。I和J现代农业产业园分别为4.83%和3.5%，未达目标值，需要持续加强引导，鼓励园区企业加大投入力度，同时进一步优化产业园营商环境，吸引更多企业入园投资，撬动更多金融社会资本投入产业园创建工作。

(二) 北京现代农业产业园

根据《北京市级现代农业产业园创建管理办法（试行）》，市级产业园监测指标体系共分三级，包括7个一级指标，21个二级指标和45个三级指标，总分100分。2020年，7家市级产业园监测评价平均分为77.22分（表7-2），比2019年监测得分降低4.31分。从各产业园看，B现代农业产业园得分最高，为86.73分，G现代农业产业园得分最低，为68.80分。除G现代农业产业园监测得分增长5.4%以外，其他产业园均有所下降，D现代农业产业园降幅最大，为10.9%，B现代农业产业园降幅最小，为0.9%（图7-2）。

表7-2　2020年北京市级现代农业产业园监测评价得分排序表

指标	得分	B	C	D	E	F	H	G
总分	100	86.73	80.52	80.59	78.02	73.44	72.42	68.80
主导产业发展	20	17.58	15.59	14.24	15.52	13.01	14.03	9.80
绿色发展成效	16	15.43	15.78	14.04	15.92	15.17	13.44	14.77
科技创新引领	20	18.02	16.97	16.53	16.72	16.29	15.69	15.23
品牌建设推进	8	0.37	5.73	5.79	0.02	0.91	0.08	4.21
带动农户增收	16	15.33	13.45	12.22	13.84	10.93	14.07	10.53
建设推进水平	12	12.00	10.00	9.77	10.00	11.13	7.11	8.27
组织管理保障	8	8.00	3.00	8.00	6.00	6.00	8.00	6.00

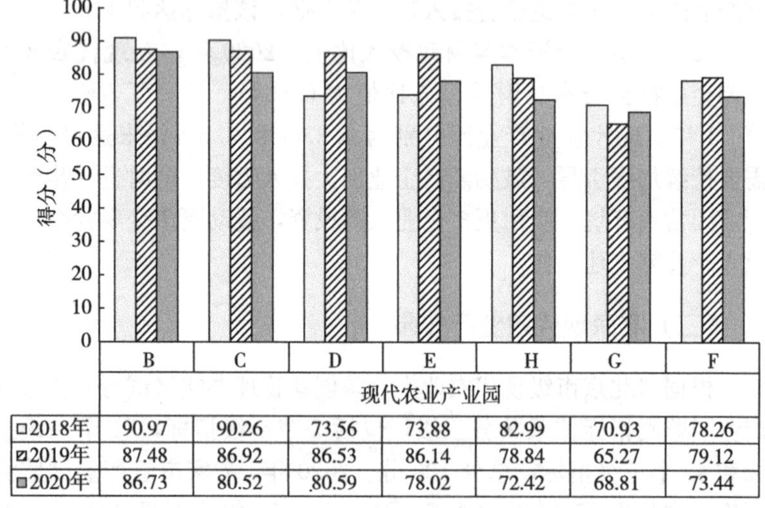

图7-2　2018—2020年市级现代农业产业园监测评价得分

从2018—2020年监测数据（图7-2）对比来看，B和C现代农业产业园保持领先地位，监测得分略有下降。于家务乡现代农业产业园呈现持续下降趋势，由 2018 年 82.99 降至 2020 年 72.42。D、E 和 F 现代农业产业园呈现先升后降的态势，G 现代农业产业园呈现出先降后升的趋势。

1. 主导产业发展

主导产业发展包括产业发展水平、产业集聚水平、农业产业化水平及融合发展水平 4 个方面，共 10 个三级指标，权重 20 分。2020 年，市级现代农业产业园主导产业发展平均得分 14.25 分（图 7-3），较 2019 年增加 0.45 分，最高分为 B 现代农业产业园 17.58 分，最低分为 G 现代农业产业园 9.8 分。

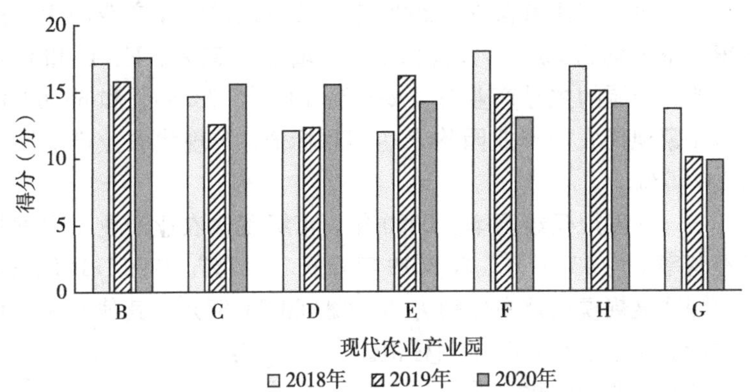

图 7-3　2018—2020 年市级现代农业产业园主导产业发展得分

（1）产业发展水平。

——产业园年总产值。7 家市级现代农业产业园 2020 年总产值达到 70.95 亿元，较 2019 年增加 14.92 亿元，其中 E、B、C、D 4 家现代农业产业园年总产值均超过 10 亿元。

——土地产出率。7 家市级现代农业产业园 2020 年平均土地产出率达到 29.10 万元/公顷，较 2019 年降低 3.13 万元/公顷，超过目标值。其中 E、D、C 及 B 4 家现代农业产业园的土地产出率均超过 26.87 万元/公顷。G、H 和 F 现代农业产业园土地产出率相对较低。

——劳动生产率。2020 年，7 家市级现代农业产业园劳动生产率达 9.71 万元/人，较 2019 年增加 1.17 万元/人。E、B、D、H 现代农业产业园的劳动生产率达到 8 万元/人，其他 3 家未达到目标值。

（2）产业集聚水平。

——主导产业产值占产业园总产值比重。2020 年，市级现代农业产业园主导产业占产业园总产值比重平均达到 63.52%，较 2019 年增加 12.05%，超过目标值。E、H 和 C 现代农业产业园主导产业值占产业园总产值比重分别为 85.82%、77.17% 和 69.46%。G 和 F 现代农业产业园分别为 50.06%和 47.09%。

——主导产业覆盖率。2020 年，市级现代农业产业园主导产业覆盖率平均为 53.24%，较 2019 年增加 3.51%。E、D 和 C 现代农业产业园的主导产业覆盖率达到 100%、78.85%和 68.62%，其他 4 家现代农业产业园均未达到目标值。F 现代农业产业园仅为 14.95%。

——适度规模经营率。2020 年，市级现代农业产业园适度规模经营率平均 43.52%，较 2019 年降低 15.27%。B 和 D 现代农业产业园适度规模经营率分别为 80.93%和 78.85%，其他 5 家现代农业产业园未达到 60%的目标值。

（3）农业产业化水平。

——农产品加工业产值与农业总产值比。2020 年，市级现代农业产业园农产品加工业产值与农业总产值比平均为 1.49∶1，较 2019 年增加 0.95。F 和 B 现代农业产业园农产品加工业产值与农业总产值比分别为 3.65∶1 和 3.2∶1，其他 5 家现代农业产业园均未达到目标值。

——农产品初加工转化率。2020 年，市级现代农业产业园农产品初加工转化率平均为 71.29%，较 2019 年增加 11.87%。F、D、H 现代农业产业园农产品初加工转化率均超过 80%，其他 4 家现代农业产业园均未达到目标值。

（4）融合发展水平。

——休闲农业收入与农业总产值比。2020 年，市级现代农业产业园休闲农业收入与农业总产值比平均为 0.11，较 2019 年无变化，均低于目标值。

——景观农田面积占比。2020 年，市级现代农业产业园景观农田面积占比平均为 23.91%，较 2019 年降低 6.09%。B、C 现代农业产业园景观农田面积占比超 30%，分别为 45.14% 和 30%，其他 5 家现代农业产业园未达到 30%的目标。

2. 绿色发展成效

绿色发展成效包括农业节水水平、农作物绿色生产与管理水平、废弃物利用水平及质量安全水平四个方面，总分 16 分（图 7－4）。2020 年市级现代农业产业园绿色发展成效平均分 14.94 分，较 2019 年降低 0.42 分，最高分 15.92 分，最低分 13.44 分。

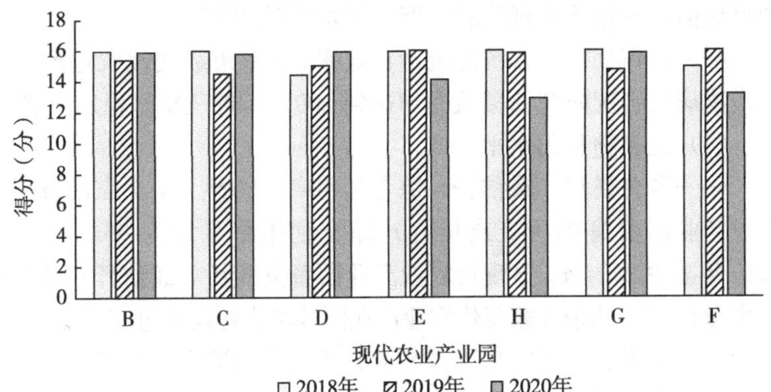

图 7－4　2018—2020 年现代农业产业园绿色发展成效得分

（1）农业节水水平。

——农田灌溉水有效利用系数。2020 年，市级现代农业产业园农田灌溉水有效利用系数平均达到 0.80，较 2019 年减少 0.03，各产业园均达到 0.75 目标值。

——节水灌溉面积比重。2020 年，市级现代农业产业园节水灌溉面积比重平均达到 92.02%，较 2019 年减少 4.82%，未达到目标值。C、E、F、B、G 和 D 现代农业产业园均达到 100%，H 现代农业产业园节水灌溉面积比重未达到目标值。

——年度农业实际用水总量与年度农业用水指标总量比。2020年，7家市级现代农业产业园年度农业实际用水总量与年度农业用水指标总量比平均为0.78，较2019年无变化，均达到创建目标要求。

（2）农作物绿色生产与管理水平。

——农作物化肥利用率。2020年，市级现代农业产业园农作物化肥利用率平均达到45.41%，较2019年降低0.15%，各产业园均高于40%的目标值。

——农作物农药利用率。2020年，市级现代农业产业园农作物农药利用率平均达到45.84%，较2019年增加0.5%，超过目标值。D和C现代农业产业园农作物农药利用率为43.29%和40%，未达到目标值，其他5家现代农业产业园均超过45%。

——农作物病虫害统防统治覆盖率。7家市级现代农业产业园农作物病虫害统防统治覆盖率均达到100%，近三年呈稳定态势。

（3）废弃物利用水平。

——畜禽粪污（或秸秆）综合利用率。2020年，7家市级现代农业产业园畜禽粪污（或秸秆）综合利用率平均为96.74%，较2019年减少2.04%。B现代农业产业园畜禽粪污（或秸秆）综合利用率为90%，其余6家现代农业产业园该项指标均超过95%。

——农膜、农药、化肥包装废弃物回收处置率。2020年，7家市级现代农业产业园农膜、农药、化肥包装废弃物回收处置率平均为98%，较2019年增加0.08%。其中，H现代农业产业园为86%，未达目标值，其他6家现代农业产业园均为100%。

（4）质量安全水平。

——农产品质量安全可追溯占比。2020年，7家市级现代农业产业园农产品质量安全可追溯占比平均为47.78%，较2019年降低30.44%。D和C现代农业产业园的农产品质量安全可追溯占比达到目标值，分别为85.71%和79.9%，其他5家现代农业产业园均未超过80%。

——农产品抽检合格率。7家市级现代农业产业园农产品抽检合格率均达到100%，近三年保持稳定态势。

3. 科技创新引领

科技创新引领包括科技支撑水平、科技应用推广能力和“互联网+”应用能力三个方面，总分20分。2020年，北京现代农业产业园科技创新引领平均分为16.49分，较2019年降低0.6分，最高分为18.02分，最低分为15.23分（图7-5）。

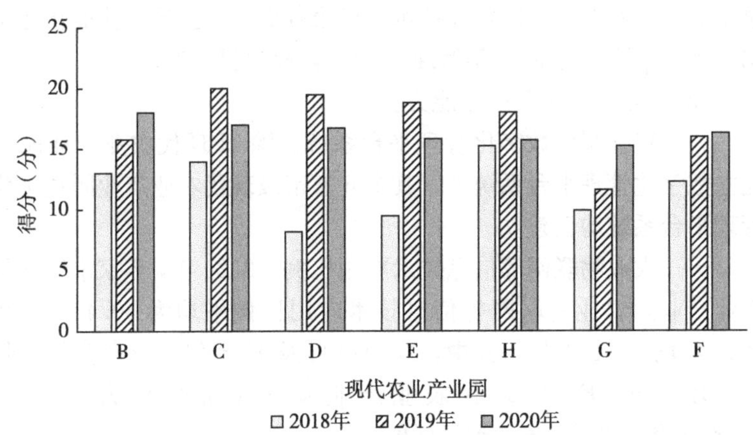

图7-5　2018—2020年现代农业产业园科技创新引领得分

（1）科技支撑水平。

——科研经费投入同比增长。2020年，7家市级现代农业产业园科研经费投入同比增长平均达到26.43%，较2019年增加7.99%，超过目标值。其中，D、C、E和F现代农业产业园的科研经费投入同比增长64.81%、58.61%、17.65%和16.67%，其他4家现代农业产业园未达目标值。

——市级及以上科研教育单位设立合作平台。F和G现代农业产业园的市级及以上科研教育单位设立合作平台分别为3家和2家，未达到目标值。其余现代农业产业园设立合作平台达到5家。

——专业技术人员数量。2020年，7家市级现代农业产业园专业技术人员数量平均为179人，较2019年减少51人，未超过目标值。C、D和E现代农业产业园的专业技术人员数量为34人、31

人和 17 人，未达到目标值，其他 4 家现代农业产业园均超过 150 人。

（2）科技应用推广能力。

——良种覆盖率。7 家市级现代农业产业园 2020 年平均良种覆盖率达到 100%，呈现稳定不变。

——农业技术推广服务面积占主导产业面积比重。2020 年，7 家市级现代农业产业园农业技术推广服务面积占主导产业面积比重均达到 100%，较 2019 年增加 1.74%，超过目标值。

（3）“互联网+”应用能力。

——建立园区数字化管理平台系统。除 H 现代农业产业园未建立数字化管理平台系统外，其余 6 家市级现代农业产业园数字化管理平台系统均已建立。

——农业物联网等信息技术应用比例。2020 年，7 家市级现代农业产业园农业物联网等信息技术应用比例平均为 50.48%，较 2019 年增加 11.29%。其中，D、B、C 及 H 现代农业产业园均超过 50%，F、E、G 现代农业产业园该指标分别为 37.5%、31.80%和 0.8%，未达到目标值。

——农产品线上销售比例。2020 年，市级现代农业产业园农产品线上销售比例平均为 24.85%，较 2019 年减少 7.26%，低于目标值。其中，G 和 H 现代农业产业园农产品线上销售比例为 47.34%和 39.11%。B 现代农业产业园为 3.77%。

4. 品牌建设推进

品牌建设推进包括农业标准化水平及品牌发展水平两个方面，总分值 8 分。2020 年，北京现代农业产业园品牌建设推进平均分为 2.44 分，较 2019 年降低 3.33 分，最高分为 5.79 分，最低分为 0.02 分（图 7－6）。

（1）农业标准化水平。

——绿色、有机、地理标志农产品、良好农业规范、生态原产地保护产品认证比例。2020 年，市级现代农业产业园绿色、有机、地理标志农产品、良好农业规范、生态原产地保护产品认证比例平

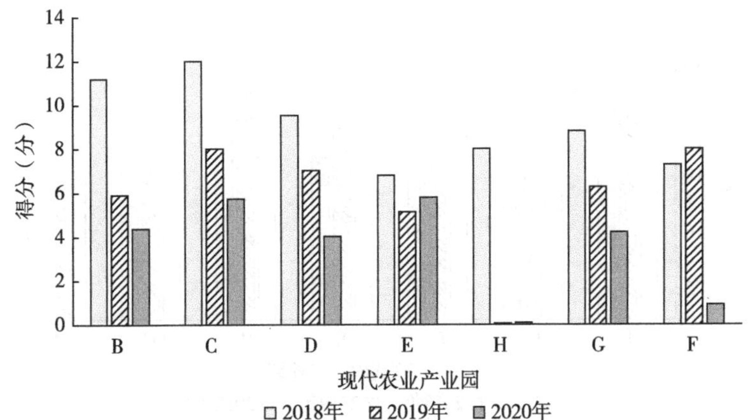

图 7-6 2018—2020 年现代农业产业园品牌建设推进得分

均为 14.58%，较 2019 年减少 46.98%，未达到目标值。

（2）品牌发展水平。

——是否有区域公用品牌。C、G、E 现代农业产业园均建有区域公用品牌，D、B、F 和 H 现代产业园尚未建立区域公用品牌。

5. 带动农户增收

带动农户增收包括带动农户增收水平及组织化水平两个方面，总分值 16 分。2020 年，北京现代农业产业园带动农户增收平均分为 12.91 分，较 2019 年减少 0.68 分，最高分为 15.33 分，最低分为 10.53 分（图 7-7）。

（1）带动农户增收水平。

——农村居民人均可支配收入。2020 年，7 家市级现代农业产业园农村居民人均可支配收入平均为 2.63 万元，较 2019 年减少 0.08 万元。其中，C、H、E 现代农业产业园达到 3 万元以上。

——带动农户数占农户总数比重。2020 年，7 家市级现代农业产业园带动农户数占农户总数比重平均为 49.92%，较 2019 年减少 5.87%，未达到目标值。C、B、D 和 H 现代农业产业园带动农户数占农户总数比重达 50%以上，其他 3 家现代农业产业园均未实现目标值。

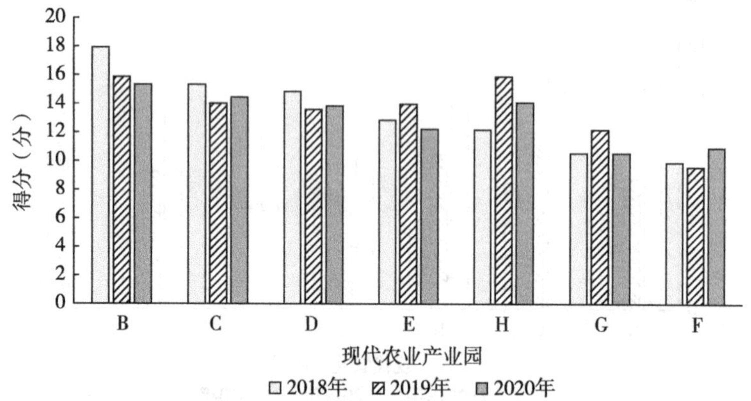

图 7-7　2018—2020 年现代农业产业园带动农户增收得分

——农业龙头企业职工中农户所占比重。2020 年，7 家市级现代农业产业园农业龙头企业职工中农户所占比重平均为 67.27%，较 2019 年增加 1.3%，超过了目标值。

（2）组织化水平。

——市级及以上农业龙头企业数量。2020 年，7 家市级现代农业产业园市级及以上农业龙头企业数量平均达到 3.29 家，较 2019 年无变化，超过 3 家农业龙头企业的目标值。B 现代农业产业园有 7 家，E 和 H 现代农业产业园有 4 家。F、C、D 和 G 现代农业产业园分别有 3 家、2 家、2 家、1 家。

——市级及以上农民专业合作社示范社数量。2020 年，市级现代农业产业园拥有市级及以上农民专业合作社示范社平均 2.43 家，较 2019 年无变化，超过目标值。其中，C 现代农业产业园有 6 家、E 现代农业产业园有 4 家。D、B、F 和 H 现代农业产业园各有 2 家。G 和 F 现代农业产业园各有 1 家。

——年培训高素质农民或农村实用人才总数。2020 年，7 家市级现代农业产业园培训高素质农民或农村实用人才总数平均为 455 人，较 2019 年减少 46 人，超过目标值。其中，C 现代农业产业园培训高素质农民或农村实用人才最多，为 949 人。

——农户加入合作社比例。2020 年，7 家市级现代农业产业园平均农户加入合作社比例达到 29.81%，较 2019 年降低 17.74%。其中，D 和 C 现代农业产业园的农户加入合作社比例达到 70%以上。

6. 建设推进水平

建设推进水平包括基础装备水平及资金使用管理两个方面，总分值 12 分。2020 年，北京现代农业产业园建设推进水平平均分为 9.75 分，较 2019 年增加 0.95 分，最高 12 分，最低 7.11 分（图 7-8）。

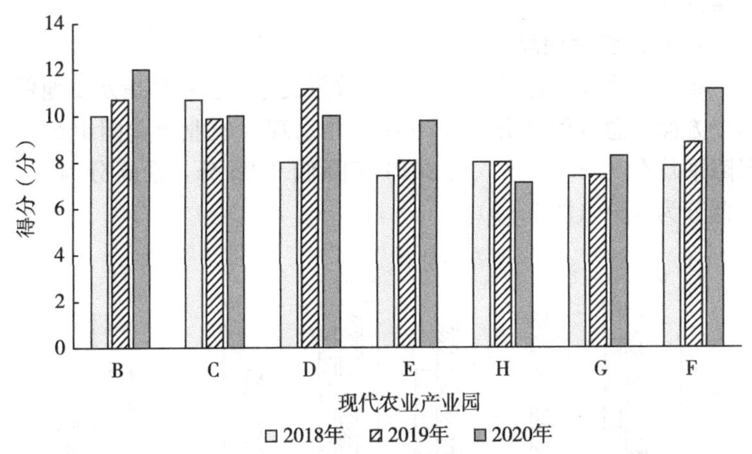

图 7-8 2018—2020 年现代农业产业园建设推进水平得分

（1）基础装备水平。

——高标准农田面积比重。2020 年，7 家市级现代农业产业园高标准农田面积比重平均为 69.23%，较 2019 年增加 16.19%。其中，C、D、B 和 E 现代农业产业园的高标准农田面积比重达到 75%以上，其他 3 家现代农业产业园均未达到目标值。

——主要农作物耕种收综合机械化率。2020 年，7 家市级现代农业产业园主要农作物耕种收综合机械化率平均达到 93.01%，较 2019 年增加 5.3%，超过目标值。其中，除 F 现代农业产业园的主要农作物耕种收综合机械化率为 70%，未达到目标值，其余 6

家现代农业产业园该指标均超过 90%。

(2) 资金使用管理。

——资金使用相关制度健全。7 家市级现代农业产业园均建立了健全的资金使用机制。

——市级财政奖补资金使用进度。2020 年，7 家市级现代农业产业园市级财政奖补资金使用进度平均为 69.14%，较 2019 年增加 20.07%。其中，B、D、C、F 现代农业产业园市级财政奖补资金使用进度超过 90%。G、E 和 H 现代农业产业园分别为 62.8%，35.4%和 0%。

7. 组织管理保障

组织管理保障包括组织管理、政策支撑、创新举措及土地保障四个方面，总分值 8 分。2020 年，北京现代农业产业园组织管理保障平均分为 6.43 分，较 2019 年降低 0.28 分，最高分为 8 分，最低分为 3 分（图 7-9）。

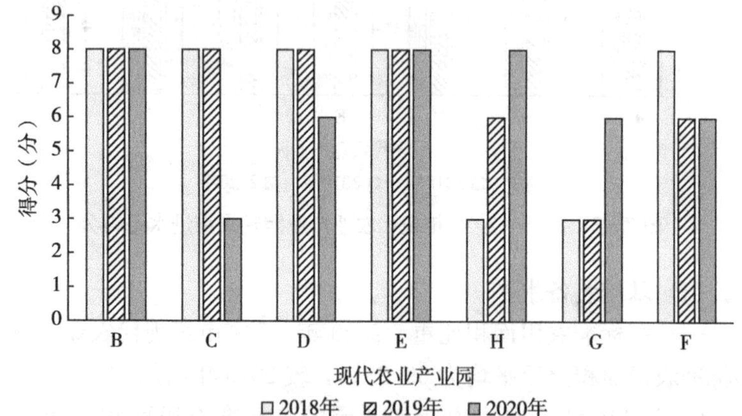

图 7-9　2018—2020 年现代农业产业园组织管理保障得分

(1) 组织管理。7 家现代农业产业园均成立领导小组、管理委员会及运营公司。

(2) 政策支撑。除 C 和 D 现代农业产业园外，其余 5 家现代农业产业园中均出台推进产业园建设实施方案等相关文件。B 现代农业产业园出台《关于开展创建期农业领域贷款贴息工作的通知》等文件。

（3）创新举措。除C现代农业产业园外，其余6家现代农业产业园均形成了创建推进的体制机制。B现代农业产业园内窦店村通过产村融合，壮大集体经济，泰华芦村通过“企业带动+农民土地入股”带动农民增收。F现代农业产业园内北京颐景园种植专业合作社采取农户劳动力入股和农户土地入股两种模式带动周边农户110户，解决就业60人。

（4）土地保障。除F、C及G现代农业产业园外，其余4家现代农业产业园落实了配套建设用地。B现代农业产业园落实首城农业田园综合体植物工厂项目中备案配套附属设施用地297.59平方米，用于植物工厂管理用房。

四、北京现代农业产业园发展经验及路径

（一）北京现代农业产业园发展经验

1. 发挥首都优势，加强要素聚集

北京市现代农业产业园创建工作面向首都市场，立足都市型现代农业定位，按照高质量发展要求，发挥首都科技、资本、人才等资源优势，通过不断完善体制机制，优化营商环境，不断吸引城市先进生产要素向产业园聚集。一是科技创新转化能力持续增强。产业园不断加强与中国农业大学、中国农业科学院、北京市农林科学院、北京农学院等科研院所合作，设立科研站所、教授工作站、科技小院等合作平台，引入科技和人才要素，加速科技推广，不断提升产业园发展科技水平。二是资本要素不断聚集助力发展。产业园持续发挥各级财政资金杠杆作用，不断撬动社会资本投入现代农业发展项目，吸引有实力的企业入驻。三是破解土地要素制约。密云区、平谷区、西集镇等现代农业产业园在创建中发挥政策创新作用，在产业融合发展用地方面采用点状供地，使用集体建设用地等方式，缓解园区企业发展土地需求。

2. 坚持以园带村，推动融合发展

现代农业产业园创建和美丽乡村建设是推动农业农村现代化的两个重要抓手，二者互为支撑，密不可分。一是坚持现代农业产业园一体化发展。立足主导产业的一体化发展，重点突出生态环境的整体打造，农业结构的整体改善，产业布局的整体优化，有助于进一步强化主导产业优势地位，提升现代农业产业园整体竞争力。二是突出示范带动作用。现代农业产业园创建中避免面面俱到和平均主义，重点支持主导产业发展的重点领域和薄弱环节，突出现代农业产业园创建的示范引领作用，带动并支持一村一品、一镇一特发展，促进全域产业整体提升。三是促进园村融合发展。现代农业产业园不断完善基础和公共服务，优化乡村生态环境和人居环境，拓展乡村秀美空间，促进乡村新业态发展，持续释放外溢效应，不断增加就业吸纳能力，在实现产业融合发展的过程中，促进园区与乡村资源要素融合，盘活乡村土地、民宅等闲置资源，促进乡村农民就业，增加村集体经济收入。

3. 延伸产业链条，拓展增值收益

现代农业竞争已由产品之间的竞争转为产业链之间的竞争。通过现代农业产业园创建，加快推进农业产业链整合，提升农业竞争优势，增强市场竞争能力，推进农业结构调整，促进农民增收。一是补足产业发展的薄弱环节。各现代农业产业园围绕主导产业，重点在农产品产地初加工、种子种苗繁育、农业废物资源化利用等方面补短板，通过资金支持补足产业发展薄弱环节。二是强化产业链增值收益。现代农业产业园瞄准市场需求，推动农产品深加工、品牌建设、仓储物流、电子商务等业态发展，开展会员式、订单式、社群式、多元化营销，提升价值链，促进农产品实现优质优价。三是发挥龙头企业核心带动作用。现代农业产业园以龙头企业为核心，不断加强产业链带动作用，打造具有实力的产业链“链主”企业，打造规模化种养基地，发展生产性服务业，形成农业企业集群，通过订单、合作、股份合作等利益联结方式直接与农户紧密联系，不断增强产业链韧性。

4. 健全推进机制，提升管理效能

各现代农业产业园分别按照国家现代农业产业园和市级现代农业产业园的创建要求，形成了完善的创建工作推进机制，建立了创建工作领导小组和管理机构，协调有序推进项目建设。一是建立健全项目推进机制。各现代农业产业园建立了以区、镇主要领导为负责人的领导小组，设立了产业园创建管理机制，明确各项目建设责任主体，加强部门协调，落实监督考核，形成了行之有效的推进机制。二是完善财务审核机制。现代农业产业园按照财政资金使用要求，明确资金使用方向，严格使用程序。窦店镇等现代农业产业园主动聘请会计师事务所对产业园项目进行全过程审核监管和技术服务，保障财政资金的安全运行，提高了财政资金使用效率。

（二）北京现代农业产业园发展路径

1. 集聚资源优势，成立专家指导服务团

树立统筹发展意识，紧密团结各产业园、管理部门、科研院所及专家小组，成立北京现代农业产业园专家指导服务团，强化管理部门联动机制、园区发展联合机制、专家小组督导机制。通过宣传和培训，不断提高规范意识、纠正思想偏差，对现代农业产业园集聚建设工作提高认识，持续加强技术指导，落实监督考核长效机制。一是加强管理部门之间的协调与配合，形成更加高效的工作推进机制。由政府引导推进，相关部门协同配合，明确责任主体、时间表和路线图，开展年度监测和定期巡查督导，客观衡量现代农业产业园集聚发展情况和水平。二是加强内部交流和外部交叉学习，组织现代农业产业园发展论坛，让国家级现代农业产业园、已经认定的现代农业产业园相关负责人进行经验交流，其他现代农业产业园通过内部交流会学习发展经验，及时调整并完善工作方法和思路，提升现代农业产业园运行效率。三是成立专家指导服务团进行定期考察和指导，加强对现代农业产业园的建立督导和运行指导，推进现代农业产业园后续建设协调运行。着力构建与首都功能定位相一致，与二、三产业发展相融合，与京津冀协同发展相衔接的农

业产业结构，推动乡村振兴、带动农民增收，为建设国际一流的和谐宜居之都提供有力支撑和坚实保障。

2. 集聚扶持政策，解决产业园发展瓶颈

北京现代农业产业园集聚发展需要加大园区用地支持力度，充分利用都市农业特有的自然资源、市场需求、科学技术等优势，将现代生产要素集聚在现代农业产业园内，形成坚实的产业基础。创新建设用地的政策扶持，合理制定支持方案，满足产业园的建设用地需求。同时加强动态信息管理，对规划实施进行全程监控，及时反馈和协调，加强土地使用过程中的管理，做到能够及时对违反规划的行为进行有效监督和约束。此外，可以通过提高农户承包地流转补贴，引导承包地集中管理，将建设用地用于产业园建设，解决集聚发展过程中现代农业产业园对土地的需求问题。

3. 集聚全产业链，构建全面协同产业体系

加快健全现代农业全产业链，深化企业与企业之间的合作关系，打通产业链上下游企业的协同合作，打造以园区主导产业为核心的集聚发展产业体系。构建产加销一体化产业链，推进一产接二产连三产的产业转移链，实现农业全产业链发展和集聚效益提升。加强农产品仓储保鲜和冷链物流设施建设，探索“互联网＋产业园基地＋电商企业＋城市终端配送”的新模式，加快全产业链集聚建设。以提高农业综合产出效率和农业资源利用效率为目标，以发展生态循环农业为重点，以提升鲜活农产品供给能力和保障产品质量安全为基本，建立生态循环生产体系标准。实施高效设施、畜禽水产、初加工、农业废弃物处理装备提升工程，加大农机装备信息化、智能化升级改造，全面提升现代农业产业园智能化水平，构建产业园全面可持续发展产业体系。

4. 集聚品牌特色，提升蔬菜产业竞争力

推进全市现代农业产业园发展联盟战略，依托产业园蔬菜产业，打造“京字号”蔬菜品牌，提升本土市场竞争力。加强品牌建设，构建以绿色、有机、地理标志认证为基础，以区域公用品牌为支撑，以企业品牌、产品品牌为补充的地域特色鲜明的“北京现代农业产业园”品牌体系。鼓励和引导龙头企业创建企业品牌和产品品牌，提高竞争力，提升市场信誉度；鼓励合作社等新型经营主体对初加工产品进行商标注册等，为“北京现代农业产业园”品牌创建打下坚实基础。同时创新营销模式，拓展产品市场空间。积极推广“互联网＋”电商营销模式，完善电商销售建设，加强与物流公司的合作，增加物流运送能力，提升电商销售市场占有份额。积极选派骨干人才参与电商人才培训活动，加大和拓宽对园内农户线上销售培训力度和覆盖面，培养更多农户成为自电商。线下推进蔬菜果品直销模式，完善提升现有农产品销售市场的硬件设施条件，营造良好的农产品销售环境，为客商提供优质服务。

5. 集聚主体联动，创新优化利益联结机制

全力支持龙头企业做大做强，鼓励创新利益联结机制，实现小农户与现代农业的有机衔接，加快现代农业产业园形成螺旋上升的内生式集聚发展动力。一方面要树立培育并扶持一批龙头企业，另一方面要吸引汇集一批龙头企业，推动农业龙头企业成为行业标准的“领跑者”。通过完善资金筹措机制，拓宽投融资渠道、制定优惠政策，提供良好的外部环境和条件培育、吸引更多的龙头企业聚在园区。围绕主导产业和特色农产品形成一批市场牵“龙头”、“龙头”带园区、园区连农户的种养加、产供销、贸工农为一体的农业龙头企业，引导他们逐步向“大、高、外、新”方向发展，提高农业产业化程度，推动现代农业产业园农业特色化、精品化、高质高效发展。积极鼓励园内集体经济组织与企业合作，建立企业、村集体及农民多方利益联结模式，强化经营主体辐射带动能力。积极探索“企业＋合作社＋农户”“企业主体、利益共享、风险共担模式”等农民利益机制联结创新模式，保障农民获得合理的产业链增值收益。同时，可通过建立园区联动利益共享机制，优化整合园区产业空间布局，形成产业园区域联动发展格局，提高北京都市农业的产业集聚程度。在目前建园基础上，打破已有的园区界限，形成抱团发展意识，通过共享成果推动现代农业产业园整体集聚发展。

6. 集聚综合能力，激发农业发展内生动力

加强园区招商引资能力和基础建设，提升现代农业产业园集聚发展过程中的综合能力，为龙头企业做大做强提供保障，并不断激发农业发展内生动力。创新招商引资的机制和措施，拓展多渠道融资，将“输血式”经营转变为“造血式”经营，加快社会资金向园区流动，以确保产业园后续建设项目顺利进行，增强现代农业产业园发展后劲，实现园区可持续发展。另外，园区需进一步加强现代农业产业园项目的规划、督查和推进，并切实加强农田道路、供水、供电等基础设施建设，以及农业技术力量的培养，为产业园产业功能拓展、经济发展、产品质量等方面提供有力支撑，从而提升产业园集聚发展综合能力，激发其内生发展动力。

总之，北京现代农业产业园要树立统筹发展意识、打通产业链、打造集聚增长极的可持续发展观念，强化大局意识，从产业、支撑和溢出多维度发挥集聚效应，促进优势资源集聚于园区，推进农业高质、高效发展，形成凝聚发展合力。积极发挥北京现代农业产业园的区域经济增长“牛鼻子”作用，构建“北京现代农业产业园”精品优质农业品牌体系，打造现代农业产业园蔬菜及种业集聚园区和基地，形成“生产＋加工＋科技＋品牌”全链条、高水准的集聚发展格局。

五、研究结论及对策建议

（一）研究结论

1. 产业园产出效率还需提升

现代农业产业园是现代农业示范的核心区，通过发展农业主导产业，发挥园区增长极和动力源的作用，加快农业高质量发展，示范带动农民就业增收。通过上文分析可以看出部分园区经济效益不高，产业园总产值与土地产出率较低，未形成在全国有影响力的优势产业，园区主导产业特色有待培育。具体来看，有 4 家北京现代农业产业园主导产业均为蔬菜，占到园区总数的 50%，园区主导产业与当地资源环境条件匹配程度不够，没有形成较为突出的特色产业。同时，部分园区未能充分发挥新型农业经营主体的作用，以此壮大主导产业发展。此外，有些园区基础设施不够完善，在农业生产设施及仓储物流、农产品加工、休闲绿色服务等设施条件方面有待加强，一定程度上影响了园区产业发展。现代农业产业园要通过完善装备水平、聚集生产要素，提高农业产出效率。从统计数据看，北京市现代农业产业园产出效率还需要大幅提升。以国家现代农业产业园为例，密云区和平谷区现代农业产业园的劳动生产率分别为 7.81 万元/人和 5.29 万元/人，距离国家现代农业产业园创建目标值（10 万元/人）还有一定差距。土地产出率看，密云区和平谷区现代农业产业园分别为 15.25 万元/公顷和 14.63 万元/公顷，低于 26.87 万元/公顷的目标值。市级现代农业产业园依然有半数乡镇产出效率较低，未达到创建目标值。

2. 三产融合水平有待提高

现代农业产业园通过构建种养规模化、加工集群化、科技集成化、营销品牌化的全产业链发展形式，扩展园区的多功能性，实现产业融合发展，提高产品附加值。从上文可以看出三产融合发展水平有待提升，主要体现在产业园加工业产值和休闲农业收入水平较低，产业“接二连三”“跨二连三”“由三接一”等融合路径不够，一、二、三产业融合深度依然不足，三产融合水平有待进一步提高。随着经济进入新常态，北京的经济社会发展将更加突出疏解非首都功能、注重绿色生态发展，打造“高精尖”产业体系，这对加工业的发展有不小的影响。此外，由于首都特殊的地理位置，产业园土地资源及其使用受到一定制约。同时，伴随着特殊区域重大项目落地的要求，例如通州副中心的建设、大兴新机场规划进一步落实会给相关园区产业发展带来一定影响，导致相关配套产业项目无法满足，产业融合发展空间面临的压力更加明显。从农产品加工业产值与农业总产值比看，各市级产业园平均为 1.49：1，加工增值空间仍然较大。从休闲农业发展情况看，市级现代农业产业园休闲农业收入与农业总产值占比仅为 0.11，休闲农业发展成效还存在较大不足。产业园需围绕主导产业进一步延伸产业链条，开发多元化的农产品，发展多种形式产业融合业态，进一步深化产业融合发展水平，促进产业实现融合增值。

3. 品牌建设能力有待加强

现代农业产业园作为发展现代农业的一个新平台，其品牌特色是农产品安全性和资源利用永续性的重要保障。从上文分析可以看出北京现代农业产业园潜力绩效增幅较大，潜力绩效包括科技支撑和品牌建设，科技支撑越强的产业园，其潜力绩效越高，说明北京现代农业产业园在科技支撑方面存在一定优势，并且发展速度较快，但品牌建设能力有待加强。具体来看，品牌数量和区域品牌特色方面有待提高，2020 年，市级现代农业产业园绿色、有机、地理标志农产品、良好农业规范、生态原产地保护产品认证比例平均为 14.58%，远低于目标值。虽然个别园区已形成较为知名的产品品牌，如平谷大桃、峪口禽业、窦店肉牛，但未形成在全国具有影响力的优势品牌，市场竞争力不够突出。此外，产业园在农产品包装、营销和品牌管理等方面还有待进一步加强，园区市场范围较小，品牌效应有待进一步凸显。

4. 利益联结机制有待创新

在城镇化进程加快、农业现代化水平持续提升的背景下，提高农民收入是一个持续的任务和要求，农民分享收益的产业链范围将进一步延伸，如何保障农民持续分享产业增值收益，促进农民收益水平实现倍增效应，是产业园发展的重中之重。从上文分析可得出，各产业园社会绩效差距相对较大，部分园区社会绩效较低，尤其是带动就业方面存在提升空间。总体来看，当前北京现代农业产业园建设时间不长，正处于快速发展阶段，社会效益目前还未全部显现。更重要的是产业园与周边地区农户利益联结机制相对不够紧密，联结方式的创新和突破不够明显，新型农业经营主体的带动作用有待提高，部分园区带动农户数占农户总数比重较低。此外，产业园在对农业生产的技术指导、市场开发、品牌建设、营销渠道等方面深度带动农民发展的成效不明显，辐射带动作用有待进一步提高。

（二）对策建议

前文通过对现状、绩效评价、存在问题等多方面分析，对北京现代农业产业园进行了定性和定量研究。当前，在乡村振兴背景下，北京现代农业产业园将更加注重以下四个方面的发展（图 7－10）。

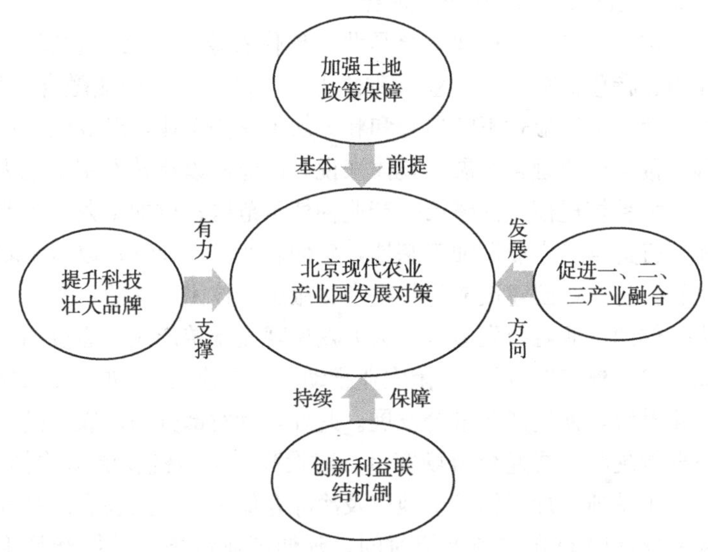

图 7－10 北京现代农业产业园发展对策诠释

1. 加强土地政策保障

加强土地政策保障是北京现代农业产业园发展的基本前提。产业园应制定扶持园区建设的土地优惠政策，解决缺地、用地等问题，为园区产业发展提供保障。明确农业建设用地倾斜政策，在土地利用总规划和用途管制的条件下，优先解决科技含量高、带动能力强的新型农业经营主体的建设用地指标，并认真落实国家有关现代农业、休闲农业等农业设施用地优惠政策，优先保障园内农业项目的生产设施用地及附属设施用地，促进园内土地节约集约利用。此外，坚持绿色发展原则，优先考虑生态环境，在此基础上加强土地开发与整理，以实施城乡建设用地增减挂钩政策为切入点，综合整治、合理节约利用建设用地，在增加有效耕地面积的同时提高质量，合理规划布局，优化园区环境。同时，建立完备的土地流转补偿机制，以政府引导、村民自愿为前提，积极引导、规范农村土地承包经营权的流转，充分发挥村集体组织的作用，促进主导产业的规模化经营，不断将产业做大做强，加强主导产业特色化发展。

2. 促进一、二、三产业融合

促进一、二、三产业融合是北京现代农业产业园的发展方向。产业园在特色优势主导产业基础之上，推动二、三产业融合发展，通过招商引资等形式不断培育和壮大加工龙头企业，形成优势产业集群，推动产业融合发展。具体来说，产业园以流转农用土地为基础，扩大种植规模，保障第一产业种植示范区；以加工龙头企业为依托，打造第二产业深加工基地，延伸农产品产业链；以休闲农业为龙头，将产业园建设成为集生产、旅游、休闲、体验、科普、教育为一体的产业融合发展区，大力发展观光旅游产业。通过加工业推动“接二连三”，通过休闲农业推动“隔二连三”，进一步加快产业优化升级，促进产业融合发展。此外，针对部分园区农产品加工业较弱的现状，要迎合市场容量，建设高标准冷链物流运输体系、精深加工基地、加工体验基地以及冷冻仓储中心，延长农产品和其他果品储藏时间和市场上架时间，延伸产业链条，增加产品附加值，实现农产品增值、增效。

3. 提升科技、壮大品牌

提升科技、壮大品牌是北京现代农业产业园发展的有力支撑。在提升科技方面，产业园应充分利用北京科技优势资源，在土地等资源受限的条件下，通过科技附加值的提升，打造产业精品。产业园要积极鼓励涉农高科企业和国内行业巨头入驻，引进符合产业园发展方向的高端科技创新人才和创新团队，搭建“双创”服务平台。同时，园区应加大科技创新和应用力度，大力推进信息化建设，加快物联网等现代信息技术集成应用。在壮大品牌方面，产业园应加强农业品牌管理的顶层设计，针对现有的农业生产基地品牌，加快产业园内品牌整合，建立和完善区域品牌、企业品牌和产品品牌等三级品牌标准体系。同时，产业园要大力推进生产标准化、经营品牌化以及有机绿色食品认证等，完善可持续发展机制，打造高端产业形态，并且充分利用区位优势，逐步扩宽产品销售渠道，推进规模农企、农餐、农超对接。此外，产业园要强化农产品品牌保护和监管意识，加快建立农产品品牌目录制度，把品牌做成产业园的名片，使其逐渐步入产品创品牌、品牌壮产业、产业促发展的良性循环，提高农业竞争力。

4. 创新利益联结机制

创新利益联结机制是北京现代农业产业园发展的持续保障。产业园应在现有农民利益联结机制的基础上，完善并创新合作制、股份制、订单农业等多种模式的利益联结机制，拓宽与农民利益联结的深度与广度，细化机制和措施，制定出台园区与农民利益联结的正式文件，使农民共享产业园发展成果，保障农民持续增收。具体来看，一是通过土地承包经营权入股、财政投入股权化改革、农村集体资产折股量化等多种方式，逐步推行股权化改革，有效激活农民存量资产、自然资源和人力资本，使“资源变资产、资金变股金、农民变股东”，探索“折股量化”到农户的具体模式。二是创新订单保底、合同价收购、农业保险、二次分红等方式，实现小农户与现代农业化大生产之间的有效衔接。三是探索发展“合作联社”“土地合作社”等新型社会化服务组织形式，促进农业产业化联合体发展，保障农民分享更多增值收益。与此同时，产业园要总结经验、提炼模式、强化推广，加大对周边的辐射带动作用，发挥示范带动作用。

参 考 文 献

曹阳，柯清标，段洪洋，2014. 现代农业园区规划创意实证研究——以东莞市为例 [J]. 科技管理研究，34 (15)：162-166.

曹祎遐，耿昊裔，2018. 上海都市农业与二三产业融合结构实证研究——基于投入产出表的比较分析 [J]. 复旦学报（社会科学版），60 (4)：149-157.

陈林生，鲍鑫培，2019. 现代都市农业背景下农业产业融合水平测度及评价研究——以上海为例 [J]. 经济问题 (12)：89-95.

陈卓，吴伟光，吴维聪，等，2016. 浙江省现代农业园区建设绩效评价及其影响因素分析——以蔬菜瓜果产业为例 [J]. 中国农业资源与区划，37 (3)：169-175.

成福伟，2017. 发达国家现代农业园区的发展模式及借鉴 [J]. 世界农业 (1)：13-17.

崔鲜花，2019. 韩国农村产业融合发展研究 [D]. 长春：吉林大学.

戴孝悌，2015. 发展产业链：中国农业产业发展新思路 [J]. 农业经济 (1)：39-41.

戴孝悌，2012. 产业空间链视域中的美国农业产业发展经验及启示 [J]. 世界农业 (2)：9-13，37.

杜建军，谢家平，刘博敏，2020. 中国农业产业集聚与农业劳动生产率——基于275个城市数据的经验研究 [J]. 财经研究，46 (6)：49-63.

杜建军，张军伟，邵帅，2017. 供给侧改革背景下中国农业产业集聚的形成演变研究 [J]. 财贸研究，28 (5)：33-46，99.

范小俊，2003. 广西现代农业园区的评价指标体系及评价方法研究 [J]. 学术论坛 (3)：75-79.

方雪，2017. 吉林省高新区产城融合度评价研究 [D]. 长春：吉林大学.

郭娟，2017. 安徽茶产业集聚程度及其影响因素分析 [D]. 合肥：安徽农业大学.

郭军，张效榕，孔祥智，2019. 农村一二三产业融合与农民增收——基于河南省农村一二三产业融合案例 [J]. 农业经济问题 (3)：135-144.

郝晓燕，2019. 我国小麦生产区位集聚：特征、影响因素及增长效应 [D]. 北京：中国农业大学.

何泱达，2019. 通江县陈河乡产业融合振兴乡村经济研究 [D]. 成都：成都理工大学.

何忠伟，蒋和平，符少辉，等，2004. 我国农业科技园的发展与对策分析 [J]. 中国农业科技导报 (2)：57-61.

何忠伟，赵海燕，刘芳，等，2018. 北京农业“三率”发展研究报告 [M]. 北京：中国商务出版社.

何忠伟，赵海燕，任志刚，2016. 北京“三化”发展水平研究 [M]. 北京：中国商务出版社.

黄超，2019. 现代农业产业园发展模式研究 [D]. 南宁：广西大学.

黄海平，龚新蜀，黄宝连，2009. 基于农业产业集群的我国农村剩余劳动力就业问题研究 [J]. 西北人口，30 (5)：18-22.

黄修杰，陈栋，2008. 现代农业园区运行机制探讨——以广东省为例 [J]. 安徽农业科学，36 (14)：6127-6129.

黄修杰，何淑群，黄丽芸，等，2010. 国内外现代农业园区发展现状及其研究综述 [J]. 广东农业科学，37 (7)：289-293.

黄修远，2019. 以军民融合产业园促进洛阳市丰李镇发展的对策研究 [D]. 洛阳：河南科技大学.

黄毅群，2010. 特色为先　钟山加快推进工业化 [J]. 广西经济 (Z2)：72-73.

吉鹏辉，2018. 山西省尧都区农村一二三产业融合发展策略研究 [D]. 晋中：山西农业大学.

贾凤伶，李瑾，黄学群，2013. 天津现代农业园区发展综合评价体系研究 [J]. 资源与产业，15 (1)：71-76.

姜友雪，王树进，2019. 中国茶产业集聚水平与发展态势分析 [J]. 茶叶通讯，46 (4)：483-488.

蒋和平，2002. 农业科技园的建设理论与模式探索 [M]. 北京：气象出版社：181-189.

蒋和平，宋莉莉，2006. 国家农业科技园区的运行模式分析 [J]. 科技与经济 (6)：21-24.

蒋和平，孙炜琳，2002. 农业科技园区综合评价指标体系研究 [J]. 农业技术经济 (6)：21-25.

蒋和平，王有年，孙炜琳，2002. 农业科技园的建设理论与模式探索 [M]. 北京：气象出版社：78-83.

蒋一卉，2017. 农村产业融合评价指标体系及应用——以北京市为例 [J]. 经济界 (2)：83-90.

康梦天，2019. 河北省正定县里寨农业观光园规划设计 [D]. 保定：河北农业大学.

科洛索夫斯基，1958. 经济区划原理 [M]. 莫斯科：政治书籍出版社.

雷玲，成艳梅，2015. 杨凌现代农业示范园综合效益评价 [J]. 西北农林科技大学学报 (2)：76-82.

雷平，詹慧龙，2016. 新形势下农民收入增长影响因素研究——基于国家农业示范区面板数据 [J]. 农林经济管理学报，15 (6)：641-647.

李春杰，张卫华，于战平，2017. 国外现代农业园区发展的经验借鉴——以天津现代农业园区发展为例 [J]. 世界农业 (12)：230-235.

李春媛，2020. 北京市蔬菜专业村产业集聚度及影响因素分析 [D]. 北京：北京农学院.

李红霞，汤瑛芳，沈慧，等，2017. 甘肃省农村产业融合发展模式及对策研究 [J]. 农业科技管理，2019，38 (6)：75-79.

李美云，2005. 国外产业融合研究新进展 [J]. 外国经济与管理，27 (12)：12-20.

李敏，2019. 乡村振兴背景下农村一二三产业融合发展研究 [D]. 北京：中共中央党校.

李铜山，杨绍闻，2017. 论现代农业产业集群发展的动力机制及对策取向 [J]. 中州学刊 (4)：43-49.

李贤杰，2019. 山东省农村一二三产业融合发展研究 [D]. 淄博：山东理工大学.

李星星，曾福生，2015. 家庭农场综合评价指标体系设计——以湖南为例 [J]. 湖南科技大学学报 (社会科学版)，18 (6)：79-85.

李芸，陈俊红，陈慈，2017. 北京市农业产业融合评价指数研究 [J]. 农业现代化研究，38 (2)：204-211.

李芸，陈俊红，陈慈，2017. 农业产业融合评价指标体系研究及对北京市的应用 [J]. 科技管理研究，37 (4)：55-63.

林菲菲，陈秋华，严羽爽，2019. 我国旅游产业融合度测算及融合发展对策分析——基于 37 家旅游上市公司的数据 [J]. 海峡科学 (9)：22 - 26.

刘国强，李有华，2001. 农业高新技术园区评价指标体系的研究 [J]. 农业技术经济 (3)：24 - 27.

刘海洋，2018. 乡村产业振兴路径：优化升级与三产融合 [J]. 经济纵横 (11)：111 - 116.

刘惠芳，2014. 上海松江家庭农场建设绩效评估 [D]. 咸阳：西北农林科技大学.

刘鹏凌，万莹莹，吴文俊，等，2019. 农村一二三产业融合发展评价体系及其应用 [J]. 山西农业大学学报 (社会科学版)，18 (4)：7 - 13.

刘齐光，2014. 国外休闲农业发展历程及经验借鉴 [J]. 农村经济与科技，25 (8)：99 - 100，146.

刘妍佼，宋士清，苏俊坡，等，2015. 我国现代农业园区的基本特征、功能、类型研究综述 [J]. 中国园艺文摘，31 (2)：45 - 47，79.

刘迎，2018. 产业融合视角下的农业产业园发展研究 [D]. 泰安：山东农业大学.

刘源，2014. 句容东方紫现代农业产业园区可持续发展研究 [D]. 南京：南京农业大学.

路明静，2018. 北京市顺义科创园区产城融合路径研究 [D]. 北京：首都经济贸易大学.

栾聪，2018. 鹤壁国家农业科技园区产业融合模式研究 [D]. 郑州：河南农业大学.

罗方晰，2018. 邯郸市现代农业园区建设现状及其评价研究 [D]. 邯郸：河北工程大学.

罗慧，傅建祥，2017. 现代农业示范园综合评价指标体系研究——以青岛市店埠胡萝卜种植园为例 [J]. 农业现代化研究，38 (6)：1059 - 1066.

马文军，李保明，潘英华，2005. 我国农业科技示范园区发展的三大历史阶段 [J]. 经济论坛 (12)：100 - 101.

马晓河，2015. 推进农村一二三产业深度融合发展 [J]. 中国合作经济 (2)：43 - 44.

马峥，郑碧莹，李德佳，等，2022. 国家现代农业产业园产业集聚发展特点与展望 [J]. 农业展望 (1)：109 - 113.

年猛，2018. 农业产业集聚：文献综述及其引申 [J]. 生态经济，34 (5)：93 -

98.

裴大顺，2009. 浅述现代农业科技示范园区的功能 [J]. 农业科技通讯 (5): 23 - 24.

彭徽，匡贤明，2019. 中国制造业与生产性服务业融合到何程度——基于 2010—2014 年国际投入产出表的分析与国别比较 [J]. 国际贸易问题 (10): 100 - 116.

亓秀华，2008. 农业产业集群的形成机理与发展阶段研究 [D]. 淄博：山东理工大学.

秦嫱，2019. 北京市通州区农村产业融合发展对策研究 [D]. 北京：北京林业大学.

任玉霜，王禹杰，2021. 东部 6 省特色农业产业集聚度分析 [J]. 中国农业资源与区划，42 (7): 158 - 164.

孙高明，2013. 现代农业产业园区运行机制与绩效研究 [D]. 南京：南京农业大学.

孙宁，李存军，张骞，等，2019. 国内外现代农业园区发展进程及经验借鉴 [J]. 中国农业信息，31 (3): 27 - 38.

孙万挺，葛文光，谢海英，等，2017. 现代农业园区文献综述 [J]. 合作经济与科技 (24): 23 - 25.

孙瑜，2015. 现代农业产业园区规划设计研究 [D]. 南京：南京农业大学.

谭新伟，2018. 中国农村"三产融合"与日本"六次产业化"政策机制的比较研究 [D]. 保定：河北大学.

唐衡，孟蕊，赵海燕，2019. 提升农业龙头企业全要素生产率问题研究——基于北京 75 家样本企业的实证分析 [J]. 价格理论与实践 (2): 161 - 164.

滕明鹏，李峰元，罗军，等，2019. 南充市国家现代农业示范区发展研究 [J]. 农学学报，9 (1): 65 - 81.

童万民，2016. 河北省怀来县城镇化发展评价及路径设计研究 [D]. 北京：北京林业大学.

万舟，2019. 我国农村一二三产业融合发展的路径探析 [J]. 天水行政学院学报，20 (6): 109 - 112.

王晨璐，2019. 济源市推进质量兴农研究 [D]. 郑州：河南工业大学.

王磊，2017. 北京畜牧龙头企业组织行为与绩效评价研究 [D]. 北京：北京农学院.

王丽娟，王树进，2012. 现代农业产业园区运行模式与绩效关系的分析 [J].

科学管理研究，30（1）：117－120.
王林，2018. 推进云南农业品牌化建设路径探索［J］. 云南农业（3）：26－28.
王栓军，2015. 我国现代农业发展路径的产业融合理论解析［J］. 农业经济（10）：34－35.
王婉君，2015. 清远市国际现代农业产业园发展问题研究［D］. 南宁：广西大学.
王文华，2019. 广西县域产业融合发展研究［D］. 桂林：广西师范大学.
王奕，2011. 工厂化育苗对农业产业园竞争优势的影响研究［D］. 南京：南京农业大学.
吴普特，2001. 农业科技园区的战略定位与发展模式［J］. 中国农业科技导报（3）：6－9.
吴媛媛，2019. 吉林省通榆县绿野农业产业园建设研究［D］. 长春：吉林大学.
武月，刘俊杰，2020. 珠江—西江经济带现代农业产业园发展分析［J］. 农业展望，16（12）：94－100，106.
肖琴，罗其友，2019. 国家现代农业产业园建设现状、问题与对策［J］. 中国农业资源与区划，40（11）：57－62.
邢益，2018. 天台县现代农业园区发展研究［D］. 杭州：浙江农林大学.
熊瑞权，黄修杰，黄丽芸，等，2011. 不同经营主体现代农业园区运营绩效比较——基于广东省现代农业园区的实证分析［J］. 广东农业科学，38（7）：190－192.
徐碧芳，肖广江，2013. 规划设计对我国现代农业园区发展的重要作用和创新性应用研究［J］. 广东农业科学，40（2）：202－204.
徐克勤，2004. 农业科技园特征与运行化制初探［J］. 苏南科技开发（11）：34－35.
许萍，郑金龙，孟蕊，等，2018. 国家现代农业产业园发展特点及展望［J］. 农业展望，14（8）：25－28.
许毅强，2012. 现代农业科技园区运营绩效评价体系研究［D］. 呼和浩特：内蒙古农业大学.
薛蕾，徐承红，申云，2019. 农业产业集聚与农业绿色发展：耦合度及协同效应［J］. 统计与决策，35（17）：125－129.
严伟，2014. 基于AHP-模糊综合评价法的旅游产业融合度实证研究［J］.

生态经济，30（11）：97-102.
杨其长，2001. 我国农业科技示范园区的功能定位、技术背景与战略对策研究［J］. 中国农业科技导报（3）：14-17.
尹成杰，2006. 新阶段农业产业集群发展及其思考［J］. 复印报刊资料：农业经济研究（7）：158-159.
尹晓飞，2019. 乡村振兴视域下农业高校精准扶贫模式研究［D］. 武汉：华中农业大学.
雍雅君，2020. 农业集聚区经营主体的绿色化转型过程及其影响因素分析［D］. 开封：河南大学.
玉树进，王丽娟，2013. 现代农业产业园区运行模式选择地区差异—基于绩效的考量［J］. 科技与经济，26（1）：50-54.
袁浩博，2019. 吉林省农村三次产业融合发展研究［D］. 长春：吉林大学.
岳凤霞，2017. 农旅融合视角下宜宾县冠英现代农业产业园旅游发展研究［D］. 成都：成都理工大学.
张晗，吕杰，2011. 农业产业集群影响因素研究［J］. 农业技术经济（2）：85-91.
张敏，2009. 农业产业园区规划理论与实践研究［D］. 咸阳：西北农林科技大学.
张娜妮，2015. 农业产业园区区域发展带动能力研究［D］. 保定：河北农业大学.
张茜，耿晓，2017. 京津冀协同发展背景下河北现代农业园区实践探索［J］. 黑河学院学报，8（6）：52-53.
张慎娟，陈晓键，2018. 国外休闲农业产业融合发展的经验及对中国的启示［J］. 世界农业（11）：171-177.
张晓玲，2004. 中国农业科技园区发展的理论与实践问题研究［D］. 武汉：华中农业大学.
张羽，2019. 农业园区产业融合模式及其评价研究［D］. 重庆：西南大学.
赵丹丹，李霜，马媛媛，2020. 农业生产集聚：影响研究及政策启示［J］. 金陵科技学院学报（社会科学版），34（1）：31-35.
赵海燕，唐衡，2019. 北京新型农业经营主体培育研究［M］. 北京：中国农业出版社.
赵海燕，严铠，刘仲妮，等，2022. 现代农业产业园产业融合发展水平研究——基于北京8家园区的实证分析［J］. 中国农业资源与区划，43（8）：

119－129.

赵辉，方天堃，2014. 吉林省农业优势产业集聚及其动力机制分析［J］. 沈阳农业大学学报（社会科学版），16（1）：6－9.

郑碧莹，唐衡，刘仲妮，等，2020. 北京现代农业产业园发展特点及展望［J］. 农业展望，16（5）：48－51，64.

郑坤，梁玉琴，2019. 我国现代农业产业园发展历程及未来趋势［J］. 现代农业科技（23）：237－239.

郑伟仪，2017. "八项措施"推进农业供给侧结构性改革［J］. 农村工作通讯（3）：30－33.

植草益，2001. 信息通讯业的产业融合［J］. 中国工业经济（2）：24－27.

钟勉，2012. 发展现代农业和农业现代化的几点思考［J］. 农业经济问题，33（8）：4－6.

周灿芳，刘序，肖广江，等，2014. GIS技术在现代农业园区规划中的应用研究——以鹤山市双合现代农业示范园区总体规划为例［J］. 广东农业科学，41（23）：165－167.

周仁重，2019. 军民融合产业园区发展综合评价与策略研究［D］. 北京：华北电力大学（北京）.

周小琴，查金祥，2005. 农业科技园区：功能定位、建园模式与运行机制［J］. 江苏工业学院学报（社会科学版），6（3）：36－39.

周雪松，刘颖，2007. 我国农业产业集群式发展研究［J］. 农业经济问题（S1）：37－40.

朱京燕，2013. 北京发展总部农业的必要性及可行性分析［J］. 中国农学通报，29（29）：89－93.

朱清海，李崇光，2004. 农业科技园区产业集群优势效应分析及策略［J］. 农业现代化研究（3）：190－193.

朱哲敏，2017. 上海郊区农业现代化发展水平研究［D］. 上海：上海交通大学.

ALBERT N. LINK，KEVIN R. LINK，2003. On the Growth of U. S. Science Parks［J］. The Journal of Technology Transfer，28（1）：81－85.

DEBNARAYAN SARKER，SUDPITA DE，2004. High Technical Efficiency of Farms in Two Different Agricultural Lands：A study under Deterministic Production Frontier Approach［J］. Indian Journal of Agricultural Economics，59（2）：197－208.

EUROPEAN COMMISSION，1997. Green paper on the Convergence of the Telecommunications，Media，and information Technology Sectors；and the Implications for regulation [R]. http：//www. ispo. cec. be.

FIELKE，JOHN M，2007. UniSA's Agricultural Machinery Research Design Centre—Collaborative University/Industry Research and Research Education in Agricultural Engineering [J]. International Journal of Engineering Education，23 (4)：735 - 740.

GÁLVEZ - NOGALES E，2010. Agro - based clusters in developing countries：staying competitive in a globalized economy [M]. Rome：FAO.

GREENSTEIN，S，KHANNA，T，1997. What does industry convergence mean? [A]. in Yoffie，D B (Ed.). Competingin the age of digitalconvergence [C]. Boston，MA：Harvard Business School Press：201 - 225.

JIANG W，CHEN Y，JIANG P，2003. Discussions on Landscape Character of Visiting Agriculture Park (Scenic Spot) [J]. Journal of Chinese Landscape Architecture，3：52 - 54.

KIM D C，GYEONGSANGBUK - DO AGRICULTURAL EXTENDSION D，CHOI D W，et al.，2015. An Analysis of Factors Affecting Rural Life Satisfaction in Gyeongsangbuk - do [J]. Korean Journal of Agricultural Management and Policy (42)：453 -466.

KRUGMAN P，1991. Increasing returns and economic geography [J]. Journal of Political Economy，99 (3)：483 - 499.

KUSI H，NICK N，LALO P B，et al.，2007. Kenya's cut - flower cluster [R]. Cambridge：The Institute for Strategy and Competitiveness，Harvard University.

LIU T，LAN L，LONG Y，et al.，2016. Study on Agricultural Park Landscape Planning Based on Visual Analysis [J]. Advance Journal of Food Science and Technology，10 (2)：131 - 135.

LU GUOQING，2003. The models of industrial innovation based on the information technological revolution [J]. Industrial Economic Research (4)：31 - 37.

LUGER M I，2000. Science and Technology Park at the Millennium：Concept，History，and Metrics [M]. Wessner：National Academies Press.

LV M W，GUO H C，SUN Y H，2008. Production，Ecology，and Living—

The Planning and Construction of Taiwan's Leisure Agriculture Parks [J]. Chinese Landscape Architecture，8：16－20.

MASKEY，RABI K，1997. Sustainable agricultural development in less developed countries [J]. Outlook on Agriculture，26 (1)：39－45.

PANG Z，ZHANG J，SHI H，2016. The Demand－oriented Planning of Leisure Agriculture Parks in Southwest Mountainous Area of Zhejiang Province－A Case Study from Lvshuijian Leisure Agriculture Park in Wencheng Count [J]. Journal of Fujian Forestry Science and Technology，1：194－200.

PARK Y S，EGILMEZ G，KUCUKVAR M，2016. Energy and end－point impact assessment of agricultural and food production in the United States：a supply chain－linked ecologically－based life cycle assessment [J]. Ecological Indicators，62：117－137.

PORTER M E，1998. Clusters and the New Economics of Competition [J]. Harvard Business Review (6)：77－81.

ROSENBERG N，1963. Technological change in the machine tool industry：1840－1910 [J]. The Journal of Economic History，23 (2)：414－446.

WUBBEN E F M，ISAKHANYAN G，2011. Stakeholder analysis of agroparks [J]. International Journal on Food System Dynamics，2 (2)：145－154.

附录1：北京现代农业产业园产业融合发展调研问卷

调研地点：________区________镇（乡）

调研时间：________________调研员：________________

尊敬的被调查者：

您好！

我们是“北京现代农业产业园发展监测评价”课题组，请根据实际情况填写问卷，相关数据用于研究，请如实填写。

感谢您的合作！

一、产业园基本信息

1. 产业园名称：________________________________

2. 详细地址：__________________________________

3. 联系人姓名及电话：__________________________

二、产业链延伸

年份	第一产业增加值占产业园年总产值比重（%）	农产品加工业产值与农业总产值比（%）	主导产业覆盖率（%）
2018			
2019			
2020			

三、多功能拓展

年份	休闲农业收入与农业总产值占比（%）	农产品初加工转化率（%）	园区休闲农业接待人次（人次）
2018			
2019			
2020			

四、技术渗透发展

年份	科研经费投入同比增长（%）	农业技术推广服务面积占主导产业面积比重（%）	农业物联网等信息技术应用比例（%）
2018			
2019			
2020			

五、主导产业增效

年份	主导产业产值占产业园总产值比重（%）	产业园年总产值（亿元）	土地产出率（万元/公顷）
2018			
2019			
2020			

六、辐射带动

年份	农村居民人均可支配收入（%）	农业产业化经营带动农户程度（%）	农户加入合作社比例（%）
2018			
2019			
2020			

七、组织化水平

年份	年培训新型职业农民或农村实用人才总数（人次）	专业技术人员数量（人次）
2018		
2019		
2020		

八、就业促进

年份	市级及以上农民专业合作社示范社数量（家）	农业龙头企业职工中农户所占比重（%）
2018		
2019		
2020		

九、绿色发展

年份	绿色、有机、地理标志农产品、生态原产地保护农产品认证比例（%）	园区生态品牌数量（个）
2018		
2019		
2020		

十、环境发展

年份	节水灌溉面积比重（%）	农作物化肥利用率（%）
2018		
2019		
2020		

衷心感谢您的参与和支持！谢谢！

附录 2：北京现代农业产业园集聚效应调研问卷

调研地点：________市________区________镇（乡）

调研时间：________________调研员：________________

尊敬的被调查者：

您好！

我们是“北京现代农业产业园集聚发展路径研究”课题组，这次调查的目的是为了准确掌握北京现代农业产业园集聚效应情况，创建期未满三年的产业园可以选填本问卷的产业园集聚效应情况部分，相关数据仅用于科学研究，希望您不要有任何顾虑，如实填写。

衷心感谢您的合作！

一、产业园基本信息

1. 产业园名称：________________________________
2. 详细地址：________________________________
3. 联系人姓名：________________________________
4. 联系电话：________________________________

二、主导产业集聚度情况

年份	产业园主导产业总产值（亿元）	产业园年总产值（亿元）	农产品加工业产值（亿元）	休闲农业收入（亿元）
2017				
2018				
2019				
2020				

三、产业园集聚效应情况

1. 要素集聚效应

年份	园区总农户（人）	耕地面积（公顷）	财政资金使用占比	政策支持数（个）
2017				
2018				
2019				
2020				

2. 产业链集聚效应

年份	农产品加工业产值占比（%）	休闲农业收入占比（%）	主导产业产值占比（%）	主导产业覆盖率（%）	土地产出率（%）	劳动生产率（%）
2017						
2018						
2019						
2020						

3. 功能集聚效应

年份	农作物化肥利用率（%）	绿色、有机、地理标志等农产品认证面积占比（%）	农产品质量安全可追溯占比（%）	主要农产品农作物综合机械化率（%）	市级及以上科研教育合作平台占比（%）	高标准农田占比（%）	园区品牌数量（个）	适度规模经营率（%）	产业园年总产值占比（%）
2017									
2018									
2019									
2020									

4. 带动集聚效应

年份	带动农户增收比例（%）	带动农户人数（人）	园内龙头企业数量（家）	园内合作社数量（家）	农户加入合作社比例（%）
2017					
2018					
2019					
2020					

衷心感谢您的参与和支持！谢谢！

附录3：北京现代农业产业园调研问卷

调研地点：________市________区________镇（乡）

调研时间：________________调研员：________________

尊敬的被调查者：

您好！

我们是“北京现代农业产业园发展监测与研究”课题组，这次调查的目的是为了准确掌握北京现代农业产业园发展情况、存在问题及制约瓶颈，为市政府出台相关政策提供决策咨询。相关数据仅用于科学研究，希望您不要有任何顾虑，如实填写。

衷心感谢您的合作！

一、产业园基本信息

1. 产业园名称：________________________________
2. 详细地址：________________________________
3. 联系人姓名：________________________________
4. 联系电话：________________________________
5. 邮箱：________________________________

二、产业发展情况

年份	产业园年总产值（亿元）	土地产出率（%）	劳动生产率（%）	农产品加工业产值与农业总产值比（%）	休闲农业收入与农业总产值比（%）
2018					
2019					
2020					

三、绿色发展情况

年份	农作物化肥利用率（%）	农作物农药利用率（%）	农田灌溉水有效利用系数	质量追溯体系覆盖率（%）	农产品抽检合格率（%）
2018					
2019					
2020					

四、科技品牌情况

年份	市级及以上科研单位设立研发平台（家）	专业技术人员数量（人）	品牌数量（个）	是否有区域公用品牌
2018				
2019				
2020				

五、带动农户情况

年份	农村居民人均可支配收入（万元）	带动农户数占农户总数比重（%）	市级及以上农业龙头企业数量（家）	市级及以上农民专业合作社示范社数量（家）
2018				
2019				
2020				

衷心感谢您的参与和支持！谢谢！